Quando a cegonha não vem

Cia. dos Livros
Rua Néa, nº 79 – Vila Ré
São Paulo - SP
03662-000
www.editoraciadoslivros.com.br
editorial@editoraciadoslivros.com.br

Paulo Eduardo Olmos

Quando a cegonha não vem

Os recursos da medicina moderna
para vencer a infertilidade

2ª edição

Cia. dos
Livros
Editora

São Paulo – 2010

Quando a cegonha não vem
Copyright © 2003 *by* Paulo Eduardo Olmos

Coordenação Editorial
Editora Longarina

Diagramação
Join Bureau

Capa
Alexandre Roberto Rodrigues

Todos os direitos reservados.
É proibida a reprodução total ou parcial deste livro, por qualquer meio, sem autorização prévia e por escrito da editora.

A violação dos direitos autorais é crime estabelecido na Lei Federal nº 9.610/98 e punido pelo artigo 184 do Código Penal.

Dados Internacionais de Catalogação na Publicação (CIP)
(Câmara Brasileira do Livro, SP, Brasil)

Olmos, Paulo Eduardo.
    Quando a cegonha não vem : os recursos da medicina moderna para vencer a infertilidade / Paulo Eduardo Olmos. – 2. ed. São Paulo : Cia dos Livros Editora, 2010.
    Bibliografia
    ISBN: 978-85-88371-08-8

    1. Gravidez – Obras de divulgação 2. Infertilidade 3. Reprodução humana assistida I. Título.

10-04300
                                       CDD-616.69206
                                       NLM-WQ 205

Índice para catálogo sistemático:
1. Infertilidade conjugal: Tratamento : Medicina   616.69206

*À memória de meus pais, José e Leonor,
que sempre me incentivaram*

*À minha mulher, Ana,
melhor amiga, companheira e cúmplice*

*Às minhas filhas Carolina e Renata,
o melhor presente que a vida me deu*

Sumário

Prefácio 13
Agradecimetos... 17
Apresentação 19

PARTE I – A INFERTILIDADE

1 – O grande encontro... 25
    Os protagonistas 25
    O local do encontro 27
    Quando 1 + 1 = 1 27
    Quando o encontro não dá certo... 30

2 – Definição e causas da infertilidade 31
    Infertilidade e esterilidade... 31
    As causas da infertilidade... 32
    As quatro perguntas da medicina 33

3 – A fertilidade é uma parceria 37
    A desbravadora 37
    O resistente... 38
    De quem é a culpa?.. 39

4 – O impacto da descoberta 43
    Poucos estão preparados para a infertilidade.................... 43
    Compartilhar o problema nem sempre é fácil.................... 46

5 – O esterileuta e o diagnóstico 49
    A formação do esterileuta 49
    As opiniões divergentes 50
    A importância de um diagnóstico seguro 51
    O processo de diagnóstico 52
    Desvendando o quebra-cabeça 53
    Conversando sobre sexo 56
    Hipodiagnóstico e hiperdimensionamento do tratamento 58

6 – A ansiedade e o aspecto emocional 61
    A espera e a incerteza 64
    As pressões envolvidas 66
    Custos psicológicos e emocionais de uma FIV 67
    A importância do acompanhamento psicoterápico 69

7 – Os números da infertilidade 71
    A tábua de vida 72
    Os fatores socioeconômicos 72

PARTE II – A INFERTILIDADE FEMININA

8 – As causas não obstrutivas da infertilidade feminina 77
    O eixo sexual feminino 77
    Quando o ovário não produz 80
    A menopausa precoce 81
    A Síndrome do Ovário Policístico 82

9 – As causas obstrutivas da infertilidade feminina 87
    A endometriose 87
    Distúrbios que impedem a passagem do espermatozóide 92
    Miomas 92
    Sinéquia 94
    Obstruções e lesões na trompa 94

10 – Os exames femininos 97
    Informação e medo 97
    Exames endocrinológicos 100

Histerossalpingografia: o exame das trompas 102
O teste pós-coito 107
Ultra-sonografia transvaginal 108
Laparoscopia para endometriose 109
A biópsia do endométrio 109

11 – Os tratamentos clínicos femininos 111
Tratando as infecções 111
Tratamentos hormonais 112
Tratando a Síndrome do Ovário Policístico para a gravidez 115
Tratando a endometriose 116

12 – Os tratamentos cirúrgicos femininos 119
Cauterizações 120
Conização rasa 120
Plásticas no colo do útero 121
Cirurgias reparadoras do ovário 121
Remoção de miomas 124
Tratando a sinéquia 128
Cirurgias da trompa 128

13 – O aborto de repetição 133
O diagnóstico do aborto de repetição 133
As causas do aborto de repetição 134
O tratamento do aborto de repetição 137
O aborto precoce 138

PARTE III – A INFERTILIDADE MASCULINA

14 – As causas da infertilidade masculina 141
Infecções e doenças sexualmente transmissíveis 141
A varicocele 148
A febre ambiental 150
A retroejaculação 151
A azoospermia 153
Outras causas da infertilidade masculina 153

15 – Os exames masculinos 155
    O espermograma 155
    O exame físico 158
    O Swim-up 159
    A morfologia de Krüger.. 160
    A variabilidade dos resultados... 160

16 – Os tratamentos clínicos masculinos..................................... 163
    Tratando as infecções... 163
    Tratamentos hormonais.. 164
    Tratamentos que exigem cautela.. 165

17 – Os tratamentos cirúrgicos masculinos 167
    A cirurgia da varicocele.. 167
    A reanastomose do deferente 168

Parte IV – Os métodos de reprodução assistida

18 – A indução de ovulação 173
    Os indutores de ovulação... 173
    Administrando os recursos para uma indução adequada........... 175
    Dois óvulos para a inseminação 176
    A fertilização *in vitro* precisa de mais óvulos........................... 177
    O processo endocrinológico de indução da ovulação 178
    As chances de uma gravidez múltipla...................................... 180

19 – A indução com datação do coito 181

20 – A inseminação artificial 183

21 – A fertilização *in vitro*.. 187
    Obtendo os óvulos... 188
    Colhendo e tratando os espermatozóides................................ 189
    O desenvolvimento do embrião na estufa................................ 190
    Cultura até blastocisto e biópsia pré-implantacional 190
    A transferência embrionária 191
    Os primeiros 15 dias.. 193

22 – Outras técnicas de fertilização assistida 195
    GIFT – Transferência dos gametas para dentro da trompa 195
    ZIFT – Transferência do zigoto para dentro da trompa 196
    ICSI – Injeção intracitoplasmática de espermatozóide 196
    Recuperando os espermatozóides por punção testicular 198

23 – A doação de gametas 199
    Recorrendo ao banco de sêmen 199
    Preservando o próprio sêmen 200
    A ovodoação 200
    A barriga de aluguel 203

24 – A vitrificação 207
    Óvulos para mais tarde. Preservando a fertilidade 207
    Em 2008, a medicina venceu o desafio 208

Parte V – CONSIDERAÇOES FINAIS

25 – O momento de discutir a adoção 215

26 – Os códigos de ética 219

Conclusão: uma conversa de médico para paciente 223

Notas bibliográficas 227

Glossário 245

Sobre o autor 253

Prefácio

DESDE A SEGUNDA METADE DO SÉCULO XX, a fertilidade tem sido um tema sempre atual na medicina e nas ciências sociais. A população leiga, por sua vez, também vem discutindo o tema com freqüência. Afinal, poucos assuntos são tão apaixonantes quanto a fertilidade humana, que quase sempre desperta discussões muito intensas, nas quais mitos, crenças e sentimentos se misturam e ganham destaque semelhante ao conhecimento científico. Todo mundo tem opiniões sobre fertilidade e fecundidade, e poucos fenômenos biológicos mexem tão profundamente com os sentimentos das pessoas do que aqueles ligados à reprodução humana.

Grande parte da discussão sobre reprodução humana até este momento esteve centrada na redução intencional da fertilidade. Isto ocorreu especialmente entre os anos 1950 e 1980, quando houve esforços muito importantes para reduzir a fertilidade humana. O objetivo era deter o crescimento exagerado da população, evento chamado de explosão demográfica por alguns cientistas sociais. Essa intervenção sobre a fecundidade despertou violentos debates entre aqueles que a apoiavam e aqueles que a contestavam, defendendo que ninguém deveria interferir na criação da vida. A necessidade de reduzir o crescimento da população justificou a implementação de amplos programas, primeiro sob a denominação de controle da natalidade e, mais tarde, sob a nomenclatura de *planejamento familiar*. Finalmente, chegou-se ao conceito amplamente aceito atualmente, no qual se considera, baseando-se nos direitos sexuais e reprodutivos, que homens e mulheres têm o direito inalienável de desfrutar da sexualidade e de ter o número de filhos desejados, na data desejada, sem temor de adquirir doenças transmitidas pelo sexo.

A discussão do planejamento familiar deixou em segundo plano o problema da infertilidade involuntária, tema que começou a ser amplamente debatido nas últimas três décadas do século XX, quando constatou-se que havia um aumento importante no número de casais que procuravam ajuda para poder conseguir uma gravidez. Entre as diversas causas para esse fenômeno, destacavam-se com maior freqüência as doenças de transmissão sexual. De fato, o problema da infertilidade tem aumentado assustadoramente e, atualmente, seu tratamento é um dos capítulos mais importantes do cuidado da saúde reprodutiva.

Muitas pessoas ou casais que têm problemas para engravidar relutam em consultar o médico porque o tema parece tão complicado e difícil que os assusta. Por outro lado, os clínicos gerais e mesmo os ginecologistas muitas vezes não possuem um conhecimento adequado sobre o assunto e não orientam seus pacientes de maneira apropriada. Por essa razão, este livro possui uma grande importância, pois permite que a infertilidade seja enfrentada de maneira adequada ao colocar conhecimentos técnicos e científicos atualizados ao alcance tanto de médicos não especialistas como da população em geral.

Não é fácil escrever sobre os temas aqui abordados sem cair no tecnicismo exagerado ou na simplificação ou vulgarização. Manter o equilíbrio e tornar o livro acessível a todos, sem perder o valor científico, foi um desafio difícil que Paulo Olmos venceu de maneira brilhante. Sua obra analisa todos os temas envolvidos no diagnóstico e no tratamento da infertilidade de forma talentosa, simples e muito fácil de compreender, fazendo com que a leitura, até dos temas mais áridos, seja amena e proveitosa.

É especialmente importante o enfoque que localiza o problema no casal, em vez de o focalizar na mulher ou no homem. O autor é feliz ao destacar que, ainda que a causa mais importante esteja em um dos parceiros, a infertilidade é sempre um problema do casal e os fatores masculinos e femininos nunca devem deixar de ser analisados.

Olmos também destaca que a fertilidade humana é um processo pouco eficaz, o que freqüentemente obriga os casais a se submeterem a vários tratamentos, que são repetidos durante diversos ciclos. Isso deve ficar muito claro para o casal para que não haja desistências se as primeiras tentativas de tratamento fracassarem.

É também da maior importância a análise dos procedimentos mais sofisticados apresentada por Olmos. Tal análise não só permite um conhecimento mais acabado dessas técnicas, como também possibilita que sejam mais bem compreendidas as limitações tecnológicas e éticas dos métodos mais agressivos, como a inseminação artificial e a fertilização *in vitro*.

Quando a Cegonha Não Vem deveria estar na prateleira dos clínicos gerais e dos ginecologistas que muitas vezes têm de orientar seus pacientes em relação à infertilidade. Afinal, as informações aqui presentes permitem que esses profissionais adquiram um conhecimento adequado sobre o tema, capacitando-os a orientar apropriadamente os casais que os consultam. Da mesma forma, este livro também deveria ser lido por casais que estão em tratamento ou pensando em se submeter a um tratamento de infertilidade.

Não tenho dúvidas de que o material contido neste livro é de muita utilidade para os pacientes e casais que buscam informações complementares, que podem contribuir muito para que suportem melhor os procedimentos diagnósticos e terapêuticos a que são submetidos. Sabemos que quando há uma melhor compreensão dos problemas, há também uma melhor adesão dos pacientes ao tratamento, o que contribui para o aumento das possibilidades de sucesso.

Prof. Dr. Juan Díaz
Assessor Médico para a América Latina e
Diretor do Population Council no Brasil

Agradecimentos

EMBORA ESCREVER SEJA CONSIDERADO POR MUITOS UM ATO SOLITÁRIO, nenhum livro pode ser feito sem a participação e ajuda de várias pessoas. Gostaria, portanto, de agradecer aos profissionais e amigos que foram fundamentais para a publicação deste livro.

Em primeiro lugar, quero expressar minha gratidão às minhas amigas Mônica Lima e Rita Freire, que tanto me ajudaram na leitura e correção dos primeiros manuscritos. Aos amigos e editores Carlo Carrenho e Fernando Alves, agradeço pela dedicação na revisão e na correção exaustiva do texto. À Maria Firmino de Oliveira, sou grato por sua preciosa ajuda no trabalho de digitação. E porque a beleza estética de um livro é sempre importante, agradeço ao designer gráfico Alexandre Roberto Rodrigues, cuja criatividade embelezou a capa do livro; ao fotógrafo Júlio Vilela, pela dedicação e profissionalismo; e ao ilustrador Sthar-Mar, que consegue tranformar anatomia em arte.

Gostaria ainda de expressar minha gratidão aos inúmeros casais que, como verdadeiros heróis anônimos na batalha da infertilidade, me ensinaram a importância da perseverança. Finalmente, agradeço a todos os pacientes do Hospital Brigadeiro e do Centro Olmos de Reprodução Humana por me ensinarem que a dor não discrimina classe social.

O Autor

Apresentação

A REPRODUÇÃO HUMANA é um assunto que nunca esteve tão presente em nossas vidas como nesse início de século. Atualmente, de cada dez casais, um enfrenta dificuldades para ter filhos. Ao mesmo tempo, experimentamos um momento singular na história da medicina, pois dispomos de conhecimentos científicos e de uma tecnologia cada vez mais especializada para reparar as falhas nas etapas da reprodução e conduzir a maioria dos casais ao seu objetivo: o bebê no berço.

Além de ser um dos temas mais estudados em nossa civilização e de estar profundamente enraizado em nossas mentes, o surgimento de uma vida é um assunto gerador de muitos mitos. É importante ressaltar, portanto, que este livro não pretende sondar o milagre da origem da vida – para o que cada um tem dentro de si alguma suspeita, alguma crença ou incredulidade –, mas sim permitir a compreensão do processo biológico da fertilidade.

Demorou muito tempo para a ciência compreender a fundo os aspectos básicos da reprodução humana. Durante séculos, a medicina atribuiu a gravidez a um sopro de vida, a uma mistura de fluidos, a uma dádiva da inexplicável da natureza motivada pelo encontro sexual de um homem e uma mulher. No entanto, no início do século XIII, com a invenção de recursos para observação microscópica, um primeiro emissário do milagre da vida foi flagrado por Angonn van Leeeuwenhoek (1632-1723) e Johannness Ham (1651-1730) correndo alucinadamente sobre uma lâmina de laboratório. Exposto pelas lentes da ciência, ali estava o espermatozóide, ou melhor, milhões de espermatozóides, velozes e agitados, vivendo no líquido seminal. A etapa seguinte era entender atrás do quê ziguezagueavam tanto, o que exigiria que a outra parte do mistério fosse esclarecida. A descoberta do espermatozóide desencadeou o surgimento de uma forma de tratamento médico, precursora do que hoje chamamos de medicina da esterilidade.[1]

Mais tarde, os cientistas reuniram provas para mostrar que dentro do corpo feminino, além do útero e dos tais "fluídos da fertilidade", existiam os óvulos, umas partículas microscópicas brotando de tempos em tempos dos ovários. E aí estava a resposta procurada: eram os óvulos, então, o destino tão ansiado pelos gametas masculinos na sua disparada pelo líquido seminal.[2]

Embora o quebra-cabeça permanecesse incompleto, haviam sido identificadas suas duas peças fundamentais. Pouco depois, a medicina encontraria novas explicações para os mecanismos que comandam o ciclo menstrual feminino. O passo seguinte foi a constatação da existência dos hormônios – substâncias poderosíssimas fabricadas pelo metabolismo humano – e seu papel no organismo. A partir daí, não se parou mais de avançar nas pesquisas e surgiram novas descobertas sobre as sutilezas do equilíbrio hormonal dos parceiros e sobre os efeitos dos hormônios no corpo e na reprodução. Ao mesmo tempo, buscava-se meios para se aplicar o conhecimento que era adquirido no tratamento da infertilidade.

Partindo de uma ideia primordial e singela – bastam duas células, uma do homem e outra da mulher, que se encontram no interior do corpo feminino para dar vida a um novo ser –, o processo reprodutivo parece tão simples e lógico que até mesmo uma criança é capaz de ouvir, compreender e contar a um colega. No entanto, é só pedir emprestados os olhos da ciência para observar, um pouco mais na intimidade, a complexidade desse mecanismo altamente especializado da natureza, assim como o universo de possibilidades que ele inaugura.

Este livro trata exatamente das peripécias que cercam o encontro dessas duas células. O texto aqui presente se dedica ao estudo das causas da infertilidade e dos recursos e tratamentos reunidos pela medicina moderna para superá-la. É importante ressaltarmos que a história das descobertas sobre a reprodução humana é tão recente e há tantas perguntas que ainda roubam o sono mesmo dos pesquisadores, que é natural que homens e mulheres em busca de ajuda para seus problemas de infertilidade anseiem por todo tipo de explicação a que têm direito. Também é esperado que peçam que as informações sejam repetidas e esmiuçadas até que todas as especificidades do encontro dos dois parceiros – o gameta feminino e o gameta masculino – façam sentido. Por isso, a primeira parte deste livro é dedicada a uma explicação detalhada dos protagonistas da reprodução humana, do cenário em que atuam e das possíveis dificuldades que podem surgir. Nessa parte também são abordados aspectos importantes da descoberta da infertilidade e da função do esterileuta, médico especializado em reprodução humana. Espera-se, assim, ajudar o leitor a compreender melhor o enredo do milagre da reprodução e alguns aspectos básicos da infertilidade.

A segunda parte do livro aborda questões específicas da infertilidade feminina, mostrando suas causas e tratamentos, assim como os exames necessários para diagnosticá-la. Uma análise semelhante, dessa vez da infertilidade masculina, é apresentada na terceira parte da obra, mostrando que muitas vezes é o homem, e não a mulher, quem apresenta dificuldades de reprodução.

A parte IV discute como combinar os recursos existentes para o tratamento da infertilidade e apresenta todos os métodos conhecidos de reprodução assistida, incluindo a Fertilização *In Vitro* (FIV). As vantagens, desvantagens e aplicação de cada método são discutidas, permitindo que o leitor tenha uma ampla visão dos tratamentos que pode vir a receber.

Finalmente, a parte V apresenta algumas consideração finais sobre aspectos específicos da reprodução humana.

Ao longo do livro, na seção "Diário de um Esterileuta" apresenta-se vários casos reais, que podem tanto ser comuns e frequentes como raros e esporádicos. Em ambas as situações, sempre houve o cuidado de se alterar os nomes dos envolvidos, assim como alguns detalhes não fundamentais das histórias. Dessa forma, preservou-se a identidade dos pacientes e respeitou-se sua privacidade.

Procurando facilitar a vida do leitor pouco acostumado a termos médicos, incluiu-se ao final do livro um glossário completo com todas as palavras técnicas utilizadas na obra.

Ao terminar de ler este livro, espera-se que o leitor tenha adquirido um conhecimento claro e abrangente da infertilidade – tanto masculina e feminina –, assim como das técnicas de reprodução assistida.

Boa leitura!

PROF. DR. PAULO EDUARDO OLMOS

Parte I:

A Infertilidade

1

O grande encontro

PENSE EM TUDO QUE PODE ACONTECER às vésperas de um encontro absolutamente decisivo para a sua vida. Agora imagine no que isso se transforma quando os protagonistas da cena são duas células portadoras da herança genética de um homem e de uma mulher, que se juntam em um momento especial de fertilidade para a formação do futuro embrião. Se fosse objeto de uma abordagem literária e roteirizada, cada etapa desse encontro renderia episódios emocionantes, cheios de esperanças, frustrações e novas tentativas, como muitos dos grandes clássicos do cinema. Mas a aventura da reprodução humana prossegue. Depois de formado, o embrião irá se aninhar em um útero necessariamente receptivo, pronto para alimentá-lo e protegê-lo até que o pequeno ser em desenvolvimento se torne um bebê, pronto para vir ao mundo.

Os protagonistas

No corpo da mulher, os gametas são os óvulos. Em um número definido pela natureza – cerca de 400 mil –, os óvulos estão presentes no corpo feminino desde o nascimento, na forma de folículos.

Estes nada mais são do que células arredondadas que possuem receptores específicos para os hormônios sexuais. Cada folículo traz toda programação genética herdada pela mulher.

A cada ciclo menstrual, alguns desses folículos são liberados pelo ovário e, alimentados por hormônios, começam a crescer na superfície desse órgão. O folículo mais apto, ou seja, capaz de melhor captar os hormônios, vai amadurecer e preparar-se para receber o gameta masculino. Na hora certa, será levado do ovário para o interior da trompa – o local do encontro.

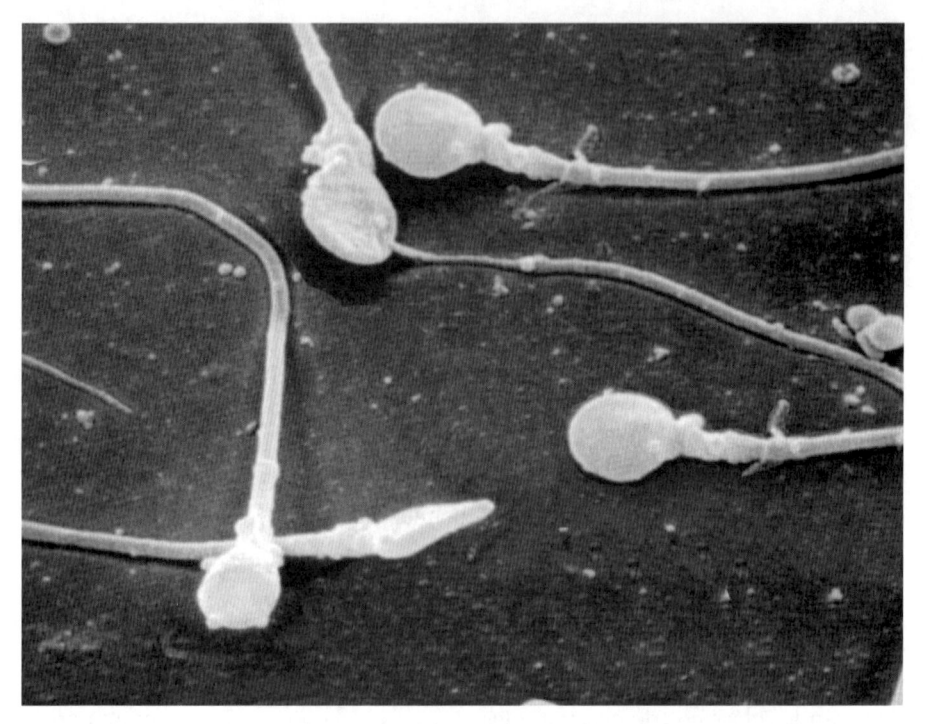

Espermatozóides observados ao microscópio eletrônico com aumento de 20 mil vezes

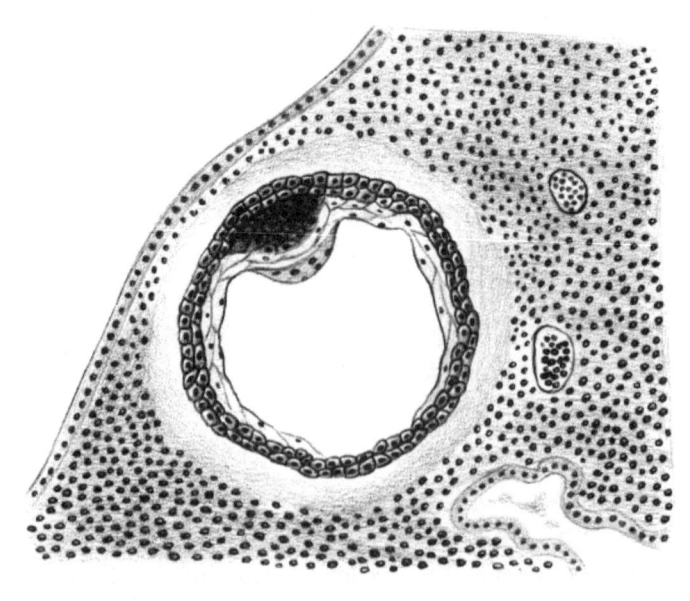

Desenho esquemático de um óvulo maduro

O gameta masculino é o espermatozóide. Produzido durante toda a vida, a partir da puberdade, o espermatozóide carrega em sua cabeça a matriz genética do homem. Possui grande motilidade – anda com velocidade –, mas não pode criar seu próprio alimento. Vive, por isso, no líquido seminal – o sêmen –, onde estão todos os nutrientes de que precisa, como a frutose, que é um açúcar. Na ejaculação, milhões de gametas masculinos são expelidos, protegidos por esse líquido nutritivo até que possam encontrar uma outra fonte de alimentos: o muco cervical. Localizado no fundo da vagina, na porta de entrada do útero, o muco cervical é rico em um outro açúcar: a glicose. Dali, os espermatozóides partirão para uma travessia difícil – nem todos estarão capacitados a fazê-la – até chegar ao ponto de encontro com o gameta feminino, onde apenas um espermatozóide conseguirá penetrar o óvulo.[1]

O local do encontro

Cada um dos gametas tem um endereço certo para a união. O óvulo maduro achará o caminho pela trompa, uma espécie de braço do útero que se aproximará do ovário para receber a delicada célula e conduzi-la até o seu interior. Dentro do canal da trompa, milhões de pequenos cílios se movimentam, levando o óvulo em direção ao útero. O encontro entre os gametas ocorrerá no meio desse caminho, ainda dentro da trompa.

Quando chega ao muco cervical, o espermatozóide tem a companhia de milhões de parceiros dispostos à mesma aventura. Terão de atravessar a substância viscosa que protege a entrada ao útero e, depois, subir até a trompa. A maior parte perecerá e será absorvida pelo organismo feminino por meio de mecanismos imunológicos. Mas ainda assim um grande batalhão cumprirá a travessia, trabalhando em conjunto para dissolver um tipo de geleia protetora que envolve o óvulo – a chamada zona pelúcida.[2]

Quando 1 + 1 = 1

Embora acabe cercado por milhões de espermatozóides que juntos dissolvem sua camada de proteção, o óvulo registra o momento exato em que ocorre a

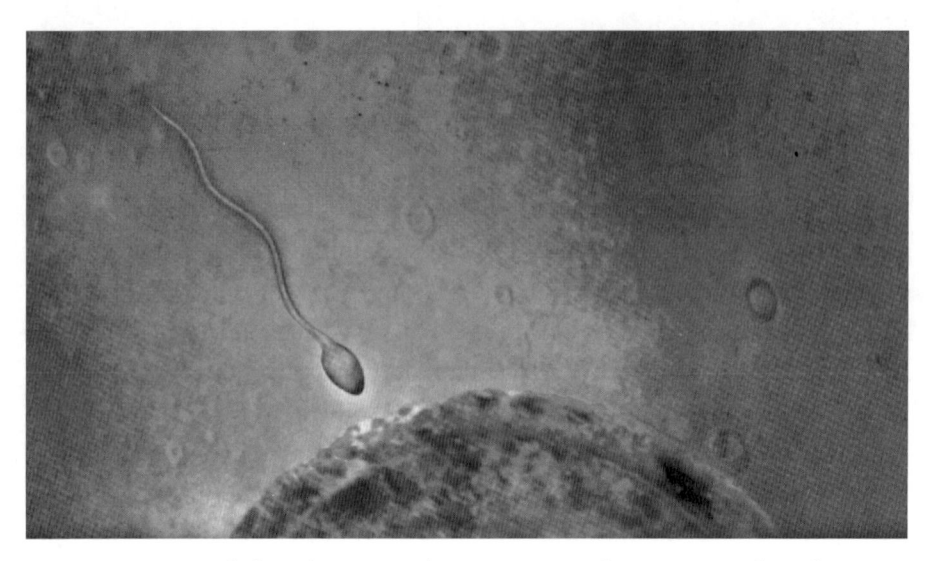

O momento da fecundação, quando o espermatozóide se aproxima do óvulo

penetração do primeiro gameta masculino em seu interior e, imediatamente, se fecha aos demais. Nesse momento, o espermatozóide inicia com o óvulo a grande aventura para a qual foram atraídos: irão transformar-se em uma única célula, com todas as características genéticas do futuro bebê. Cada um dos gametas entrará com 23 cromossomas, que são as unidades morfológicas que contêm a informação genética. Ambos, óvulo e espermatozóide formarão um ovo – ou zigoto – em um processo de fusão (que dura, no mínimo, 20 minutos).

A célula formada possui uma imensa capacidade de se dividir e multiplicar. Quando o embrião atinge cerca de 56 células, o que acontece aproximadamente em uma semana, o microscópico organismo passa a se chamar blastocisto. A esta altura, já tem dentro de si um conjunto de células que formará a placenta e outro que se transformará no bebê. O embrião é levado pelos cílios da trompa até a entrada do útero. Dali, mergulha livre pela cavidade, até depositar-se em um cantinho da parede uterina, onde se implantará e passará a ser alimentada. Pronto: o futuro bebê encontrou seu ninho!

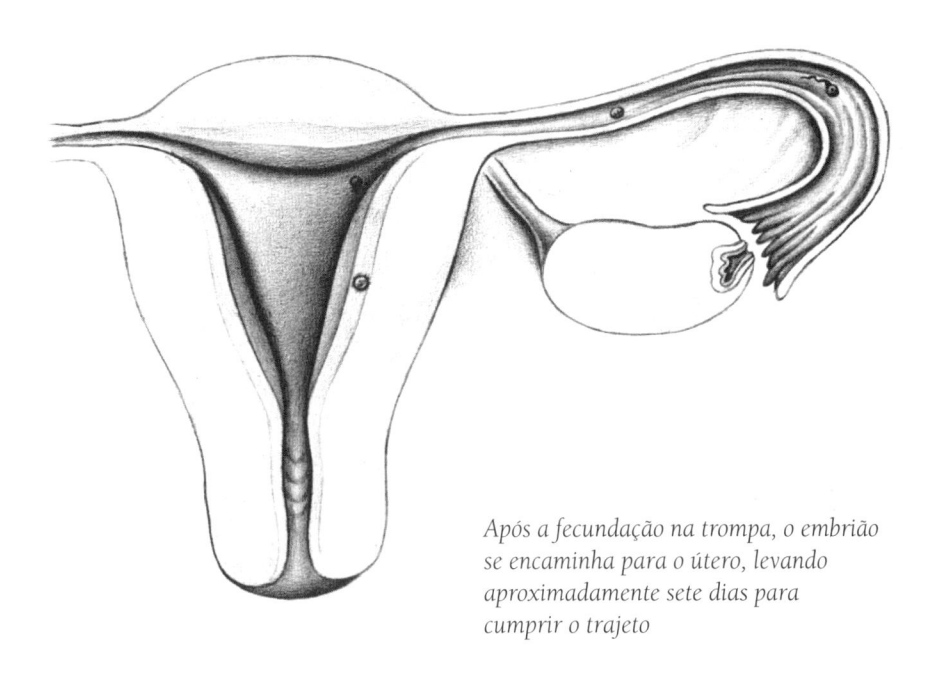

Após a fecundação na trompa, o embrião se encaminha para o útero, levando aproximadamente sete dias para cumprir o trajeto

Visão parcial de um embrião de oito células aproximadamente 48 horas após a fecundação

Quando o encontro não dá certo

A medicina descobriu que algumas vezes a gravidez não acontece porque um destes microscópicos parceiros – os gametas masculino e feminino – estavam ausentes ou não estavam bem na hora da união. Se os dois mundos em que vivem – o corpo do homem e o da mulher – interagiram para a reprodução, somando-se por meio da relação sexual no período certo, então algum fator desconhecido pode ter prejudicado o encontro dessas duas células reprodutivas, causando a infertilidade. A tarefa do especialista em reprodução humana é investigar em que ponto desse mecanismo maravilhoso pode ter existido uma falha e averiguar quais podem ser utilizados para superar a dificuldade.

2

Definição e causas da infertilidade

A DEFINIÇÃO DA INFERTILIDADE, enquanto um caso que merece atenção médica, aplica-se a casais que tentaram engravidar e não conseguiram durante um determinado período. Para aqueles que são jovens, têm relações sexuais frequentes e não usam nenhum método anticoncepcional, esse período é de dois anos. Durante esses dois anos o casal está dentro da margem de sub-fertilidade, que em muitos casos pode ser resolvida com tratamentos clínicos simples ou mesmo com novas tentativas. Após dois anos de tentativas frequentes e frustradas, o casal necessita de alguma espécie tratamento.[3]

Entre os médicos, há uma polêmica sobre o momento em que se deve começar a tratar a infertilidade. Alguns esperam esgotar o prazo de dois anos de tentativas, no entanto, há uma tendência crescente entre os especialistas de se agir mais cedo, pois as chances do casal diminuem com o passar do tempo. Por essa mesma razão, se a mulher tiver mais de 35 anos, o período de espera pode ser ainda mais reduzido – após seis meses de tentativas já é recomendável que se procure um especialista em reprodução humana, também conhecido como esterileuta.

Infertilidade e Esterilidade

É muito comum que se faça alguma confusão entre esterilidade e infertilidade. Isso é bem perceptível no consultório. A idéia da esterilidade é a que mais assusta porque os pacientes atribuem a ela uma definitiva impossibilidade de engravidar por métodos naturais. Os que julgam ter impedimentos que podem ser tratados acreditam que o diagnóstico seja de infertilidade, que seria, para o leigo, uma espécie de esterilidade temporária.

Do ponto de vista médico, no entanto, esses termos têm significados diferentes daqueles que lhe são atribuídos coloquialmente. Tecnicamente, a esterilidade é a situação do casal que não consegue a gravidez por um período superior a dois anos de tentativas regulares, seja qual for a causa. Ou seja, é exatamente o que acabamos de definir como infertilidade do ponto de vista leigo. A esterilidade pode perfeitamente ser uma dificuldade passageira, superada com tratamentos ou por métodos de fertilização *in vitro*, contrariando a idéia comum de que o casal estéril é aquele que traz um problema sem resolução.

A infertilidade, por sua vez, é outra circunstância, que constitui um vasto capítulo da medicina. Tecnicamente, trata-se do aborto habitual, uma recorrente e indesejada interrupção da gravidez logo no seu início, antes da vigésima semana de gestação. Nesses casos, a mulher consegue engravidar mas a gestação não evolui. Isso pode ocorrer por diversas causas que precisam sempre ser investigadas e tratadas. Como se vê, a infertilidade, do ponto de vista exclusivamente técnico, é uma condição que só afeta as mulheres.

Como este livro é direcionado ao público em geral, os termos nele utilizados têm como referência o dia-a-dia da maioria das pessoas e não o linguajar médico ou científico. Portanto, o termo infertilidade é usado aqui no sentido mais coloquial da palavra, significando simplesmente a incapacidade de engravidar e de conceber de um casal, sejam suas causas masculinas ou femininas. No entanto, é importante que se tenha em mente que esterilidade, do ponto de vista médico, não é, por definição, uma condição sem solução, mas sim o termo técnico para definir o que se costuma chamar de infertilidade.

As causas da infertilidade

Muito associada à intimidade da vida sexual, a reprodução humana é um assunto que mobiliza convicções e valores pessoais fortes o bastante para que muitos casais se sintam intrigados com as possibilidades aventadas pela medicina para explicar a ausência da gravidez que tanto desejam. Até que se chegue ao diagnóstico preciso de um caso particular de infertilidade, é natural que os parceiros procurem, em si mesmos e intuitivamente, os possíveis sinais de desordem reprodutiva, que frequentemente não se revelam da forma como imaginam.

Do ponto de vista cientifico, no entanto, existem quatro condições básicas para que a fecundação ocorra e o embrião, que nada mais é do que o bebê em sua fase inicial de desenvolivmento, se transforme em feto e leve ao nascimento de uma criança. De maneira geral, a infertilidade ocorre quando alguma dessas quatro condições não é satisfeita:

- Os espermatozóides devem ser sadios, possuir boa motilidade e boa capacidade de penetração.
- O óvulo precisa ser saudável, bem amadurecido e ter boa capacidade de recepção do espermatozóide.
- Óvulo e espermatozóide têm que se encontrar em local apropriado.
- Óvulo e espermatozóide devem interagir e é necessário que existam condições para sustentar o prosseguimento da gestação.[4]

As quatro perguntas da medicina

Como consequência das quatro condições da fertilidade, a medicina apresenta quatro grandes indagações que, desde a primeira consulta, orientam qualquer investigação no campo da fertilidade humana. É o encontro das dúvidas pessoais do casal e das perguntas obrigatórias da medicina que marcam o momento de aproximação entre um casal com dificuldades reprodutivas e o olhar da ciência sobre o seu problema.

As quatro perguntas médicas básicas a serem feitas quando um casal percebe que não está conseguindo engravidar são as seguintes:

- Existem espermatozóides?
- Existe o óvulo?
- Eles transitam bem nas tubas uterinas?
- Óvulo e espermatozóide conseguem interagir entre si e, posteriormente, com o ambiente uterino para que o feto se desenvolva?

Estas quatro perguntas devem ser feitas ao mesmo tempo e todas as respostas devem ser obtidas antes de se decidir qual o melhor tratamento. Uma simples análise dessas questões também nos leva à conclusão de que o problema da infertilidade deve ser sempre encarado como uma questão do casal e não de um dos parceiros individualmente. Vejamos agora de que forma essas perguntas são respondidas e quais os tipos de exames que ajudam no diagnóstico.

Os espermatozóides estão em boas condições?

Aos poucos, o tempo foi mostrando a importância dessa pergunta. Durante muitos anos, o único recurso para avaliar a participação masculina em um caso de esterilidade era o estudo do espermograma – exame que analisa as características do líquido espermático quanto a sua composição química e quanto ao número, forma e motilidade dos espermatozóides. Bastante superficial no início, esse estudo trazia resultados duvidosos, com enormes chances de falso-positivo ou falso-negativo. Ou seja, muitos homens férteis eram apontados como inférteis e vice-versa. Focalizar as formas de infertilidade feminina parecia, portanto, um caminho mais seguro.

No entanto, nas três últimas décadas, o interesse de investigar melhor as condições dos espermatozóides cresceu muito. Uma das razões para isso é que o espermatozóide é uma amostra mais disponível e mais fácil de se obter do que o óvulo. O homem, com raras exceções, expele seus gametas ao ejacular, o que facilita a coleta. Portanto, tratava-se apenas de reforçar os recursos laboratoriais para analisar mais profundamente o material obtido. Finalmente, em meados da década de 1980, surgiram novas técnicas que permitiram isso.[5]

Outro motivo para que a medicina venha a se empenhar muito na investigação do espermatozóide é a constatação de que a participação dos fatores masculinos nas causas da infertilidade não é tão pequena quanto se imaginava. Recentemente, as pesquisas revelaram um dado inquietante: a quantidade de espermatozóides produzidos pelos homens, ao longo do tempo, vem diminuindo. As causas ainda estão sendo sondadas, embora já existam algumas conclusões, como veremos na parte III. Hoje, há técnicas sofisticadas voltadas tanto à análise como à capacitação do espermatozóide para um bom desempenho na reprodução.[6]

E o óvulo, como vai?

Ao contrário das células reprodutivas masculinas, o óvulo não é expelido intacto por mecanismos espontâneos do corpo da mulher. A retirada de uma amostra de óvulos é invasiva e só deve ser feita em último caso, já no momento de uma fertilização em laboratório. Até lá, as provas de que a mulher ovula devem ser buscadas por métodos indiretos. Basicamente, essa busca se faz pela medição dos hormônios que estimulam o crescimento dos folículos e daqueles que são produzidos após a ovulação. Ou seja, quando a ovulação é normal, alguns hormônios devem ter uma grande presença na primeira fase do ciclo menstrual, enquanto outros se fazem mais presentes na segunda fase, formando um ciclo delicado, cujo acompanhamento traz inúmeras informações sobre o processo reprodutivo feminino. À exceção dos casos de menopausa ou comprometimentos absolutos das gônadas, a ausência ou irregularidade da ovulação geralmente pode ser corrigida a partir de indutores da ovulação e outros tratamentos hormonais.[7]

O caminho está livre?

Grande parte dos casos de infertilidade se explica pela existência de obstruções nos aparelhos reprodutores masculino ou feminino. São obstáculos físicos que bloqueiam o trânsito do óvulo ou do espermatozóide, impedindo que se encontrem. Esses obstáculos podem ser causados por malformações congênitas, por tumores e por infecções genitais decorrentes de doenças sexualmente transmissíveis e de abortos.

As obstruções podem estar no canal espermático do homem ou no aparelho reprodutor feminino –no muco cervical, no interior do útero ou nas trompas. Elas podem ser identificadas com radiografias, apenas no caso da mulher, e com outros tipos de exames para ambos os membros do casal. Em alguns casos, as obstruções são corrigidas por meios cirúrgicos.[8] Já nos inúmeros casos onde a reconstituição do órgão é inviável, os métodos de fertilização assistida podem ser utilizados para superar o problema e possibilitar a gravidez.[9]

Os gametas interagem adequadamente?

A fusão dos gametas feminino e masculino é o momento mágico que dá origem ao futuro embrião. Não há, porém, como acompanhar esse momento de encontro enquanto ele ocorre naturalmente na intimidade do corpo feminino. Se mesmo com todas as condições favoráveis a gravidez não acontece, o que teria ocorrido? Será que as células chegaram a fundir-se? Se as possibilidades de outros impedimentos para a união dos gametas foram eliminadas, é possível que o processo tenha sido interrompido exatamente no momento mágico da fecundação.

Por mais microscópicas e delicadas que sejam as circunstâncias da fecundação, a ciência hoje dispõe de meios para promovê-las, desde que os gametas sejam reunidos em laboratório, fora do corpo, portanto. No entanto, a penetração do óvulo pelo espermatozóide não encerra a fase de interação. Ao chegar no interior do útero, o pequeno organismo formado a partir do zigoto precisa encontrar boas condições para implantar-se e desenvolver-se. Ou seja, o ambiente deve estar preparado pela ação dos hormônios da fase pós-ovulatória. Testes para checar se essas condições estão adequadas são feitos a partir de medições hormonais em dias preestabelecidos, além da biópsia dos tecidos do endométrio, camada que reveste internamente o útero.[10] Se for necessário, a melhoria das condições do ambiente uterino poderá ser promovida com o emprego de medicamentos.[11]

3

A fertilidade é uma parceria

COMO FICOU IMPLÍCITO NO CAPÍTULO ANTERIOR, a fertilidade se faz da soma das características de um determinado casal. Há mulheres muito férteis com maridos pouco férteis e vice-versa, e, graças a interação das caracterísiticas do casal, a gravidez ocorre. Há casais em que os dois parceiros têm subfertilidade, mas seus recursos naturais interagem bem. Muitos nem chegam a saber que têm algum problema menor, pois conseguem a gravidez naturalmente. Outros já precisam de ajuda médica.

A medicina especializada em reprodução assistida considera a fertilidade uma condição do casal. A partir da investigação do casal é que serão tratados distúrbios individuais. O êxito da conduta médica, no entanto, sempre será monitorado com base na parceria.

A desbravadora

Geralmente, quem chega primeiro ao consultório é a mulher. Fatores culturais contribuem para isso, além do fato de que a figura do esterileuta (especialista em reprodução humana) é geralmente relacionada com a do ginecologista. Muitas vezes, a mulher vem antes por sentir-se, de forma equivocada, mais responsável pela busca de soluções para o casal do que o seu companheiro, ou então porque a visita lhe foi diretamente recomendada pelo ginecologista. Outras vezes, ela vem para primeiro certificar-se do atendimento e então abrir caminho para o marido. De qualquer forma, é importante salientar que a investigação completa das causas da infertilidade só poderá ser feita quando vierem os dois.

O resistente

São muitos os homens que se sentem incomodados com um simples espermograma. Alguns nem querem se submeter ao exame. Preferem acreditar que a causa é feminina. É característica masculina muito forte e preconceituosa. Existe uma confusão entre impotência *generandi* – que é a impotência de não ser capaz de gerar um filho – com a impotência *couendi*, que se caracteriza pela falta de ereções. O homem se sente respeitado por aquilo que faz, pelo seu desempenho, por aquilo que ele consegue, não por aquilo que ele é. E, na sua compreensão, faz parte desse desempenho biológico o espermatozóide correr atrás do óvulo. Então, ele prefere não fazer esse exame e joga a mulher para frente da batalha. Esse é o primeiro fator de resistência.

O segundo fato de resistência é que muitos homens resistem a colher esse exame por masturbação. No entanto, a dificuldade de se colher o sêmen dessa forma também é considerada nos procedimentos para o exame, de maneira que não há desculpas para deixar de fazê-lo. Existe até uma camisinha especial, feita de um material similar ao celofane, que é indicada para esses casos. Se o homem não consegue colher o exame por masturbação, ele pode colhê-lo com essa camisinha especial em uma relação sexual. No entanto, assim que ejacula, ele tem 45 minutos para chegar ao laboratório, pois é este o tempo que o sêmen leva para se liquefazer.[12] De modo geral, as clínicas de reprodução humana oferecem condições para a realização do espermograma.

Alguns homens abandonam o tratamento após os primeiros resultados do espermograma e se recusam a ir em frente. Muitos interpretam que o fato de terem baixa quantidade de líquido espermático – de sêmen ejaculado – já significa menor fertilidade e, por isso, nem aceitam fazer a coleta. No entanto, pode ser justamente o contrário em alguns casos. É como se o espermatozóide fosse o açúcar e o líquido espermático a água em uma mistura. Muito líquido não quer dizer que exista muito açúcar, mas só isso já estimula os medos que o homem tem de ser estéril e de ser considerado impotente. Quando os exames são inconclusivos, entra um outro problema: a necessidade de exames mais sofisticados, o que vai implicar na realização de mais uma coleta.

É interessante observarmos que a resistência do homem é um dos grandes motivos de interrupção do tratamento nos casos que chegam aos serviços públicos. No Hospital Brigadeiro, em São Paulo, onde trabalhei por 25 anos, observamos índices de 10 a 12% de abandono de tratamento porque os homens se recusavam a comparecer às consultas ou submeter-se a exames imprescindíveis como o espermograma. Os procedimentos médicos naquele serviço acabaram sendo modificados a partir da observação da alta taxa de abandono resultante da resistência masculina. Na primeira consulta, as pacientes, que geralmente vêm sozinhas, já são informadas de que o marido deverá comparecer e colaborar na investigação.

De quem é a culpa?

É bastante comum que as mulheres, por motivos estritamente culturais, comecem o tratamento atribuindo a si mesmas alguma responsabilidade pela não ocorrência da gravidez e procurando as causas em algum comportamento ou evento que ocorrera em suas vidas. Por isso, dúvidas sobre o uso anterior da pílula são bastante comuns no consultório do esterileuta.

No impulso natural de autoinvestigação, uma outra observação que as mulheres sempre fazem e associam com a fertilidade é a cor de seu sangramento ou, ainda, a ocorrência de transtornos menstruais. Muitas se sentem tranquilas ao constatar que a menstruação mostra um vermelho rutilante, vivo, sem saber que eventualmente isso pode ser consequência de um fluxo menstrual aumentado em razão de distúrbios uterinos. Outras se queixam ao observar um sangramento escurecido. Do ponto de vista da atividade hormonal, isto pode ser um sinal positivo da ação do hormônio progesterona no período pós-ovulatório. A função desse hormônio é preparar o útero para abrigar o embrião, caso a fecundação ocorra.

É importante observar que não há tamanha dependência entre a cor do sangramento e a fertilidade. Se o sangramento é abundante, pode ser mais vermelho. Quando a menstruação vem em menor quantidade, é mais escura. Se a mulher usa pílula por um período prolongado, o excesso de progesterona contido na pílula faz com que o endométrio cresça menos.

Cólicas menstruais também não são, necessariamente, sinal de infertilidade. Vários são os fatores que podem causá-las, como por exemplo o posicionamento do útero, o grau de dilatação do colo e o grau de liberação de substâncias relacionadas com a produção da dor no momento da menstruação.

DIÁRIO DE UM ESTERILEUTA 1:

Difícil de compreender

Depois de seis anos de casamento, Ana Lúcia tinha 27 anos e Oscar já havia chegado aos 35. Nascidos em famílias numerosas, anbos tinham como certo que na sua vida em comum estaria incluída a gestação de alguns bebês. Tranquilos, até o segundo ano de casamento valeram-se de anticoncepcionais para preservar uma fase de sedimentação da vida conjugal. Então decidiram que uma criança seria bem-vinda. A partir daí, foram quatro anos de relações sexuais associadas à expectativa de uma gravidez que não aconteceu. Foi quando chegaram ao meu consultório para fazer os primeiros exames diagnósticos.

"Doutor, não consigo entender", disse Ana Lúcia na consulta inaugural. "Tenho a menstruação regular, de uma boa cor, e não sinto cólica".

Oscar completou assegurando que não manifestava nenhuma dificuldade para ejacular. "Nós nos amamos e temos relações frequentes, sempre com prazer", acentuou. Ana Lúcia só tinha uma dúvida: "Será que a pílula anticoncepcional que tomei durante o namoro e a primeira fase do casamento me fez mal?"

Os dois não sabiam, mas estavam reproduzindo um tipo de indagação que muitos e muitos casais costumam fazer ao esterileuta.

Após saírem os resultados dos primeiros exames, Oscar ficou bastante surpreso quando lhe informei que, além de uma pequena obstrução nas trompas de Ana, constatamos que a sua produção de espermatozóides estava um pouco abaixo da média. "Não é possível, doutor! Não tive dificuldade em colher a amostra para o laboratório. Foi uma boa quantidade de sêmen", assegurou um pouco nervoso. Lembrou ainda o fato de seus pais e irmãos terem vários filhos, motivo pelo qual estava se sentindo cobrado pela família para também aumentar a prole. "Todos estão esperando a chegada de nosso bebê", explicou, como se toda angústia que sentia pudesse ser fomentada apenas por expectativas externas, dando indícios da sua dificuldade de lidar com os próprios questionamentos.

Ana Lúcia e Oscar puderam ser tratados com técnicas de fertilização em laboratório que ajudaram a resolver, ao mesmo tempo, o fator espermático de Oscar e o fator obstrutivo de Ana Lúcia. A última vez que os encontrei estavam com seu bebê de quatro meses, felizes com a perspectiva de, em breve, poderem aumentar a família, bastando um novo empurrão das técnicas de fertilização. Para chegar à indicação de uma fertilização *in vitro* que poupou Oscar e Ana Lúcia de tratamentos prolongados e invasivos com resultados duvidosos, a medicina recorreu aos seus quatro campos de investigação.

Os homens, por sua vez, consideram como sinônimo de fertilidade o fato de terem ereção e orgasmo, ejacularem e produzirem uma quantidade razoável de líquido espermático. É importante observarmos, no entanto, que o sêmen é uma associação do líquido espermático com o espermatozóide. Portanto, o excesso do primeiro não significa necessariamente abundância do segundo.

Casos de homens que não ejaculam espermatozóides são explicados por algum tipo de obstrução do canal por onde trnasitam os gametas ou ainda pela retro-ejaculação, isto é, ejaculação que ocorre dentro da bexiga em decorrência de problemas vasculares ou neurológicos. Homens que apresentam essas condições podem ser férteis desde que a coleta das células reprodutivas seja feita de acordo com o tipo de problema existente.[13]

Há casos explícitos de baixa qualidade do espermatozóide combinada com resultados de exame que apontam condições esplêndidas na mulher, resultando em uma situação onde o espermatozóide não consegue penetrar o óvulo. Mesmo diante de um quadro como esse, há pacientes que se recusam a fazer alguns testes para conferir a capacidade de penetração do espermatozóide.[14] Concluem até que o problema estaria no óvulo da companheira e simplesmente não conseguem suportar a situação.

Por isso é tão importante que o esterileuta consiga esclarecer para o casal que não existe um culpado ou uma culpada. Existe um casal diante de um problema de infertilidade. Os dois estão no mesmo time para chutar a bola para o mesmo lado. E isso deve estar claro – e bem acordado – antes que o tratamento comece. Do contrário, não vai para frente. As acusações, o sentimento de menos-valia imputado a um dos cônjuges, poderá levar a ressentimentos futuros entre eles.

4

O impacto da descoberta

A INFERTILIDADE SURPREENDE MUITAS PESSOAS como a primeira grande crise da vida adulta. Geralmente, elas ainda não sofreram perdas de pessoas muito queridas, como o pai ou a mãe, e não enfrentaram outros problemas graves de saúde. No entanto, ainda que alguma dessas situações tenha ocorrido, é grande a possibilidade de a descoberta da infertilidade ser a primeira grande crise da relação a dois.[15]

A ideia de casamento é impregnada de valores culturais que geralmente presumem uma relação apoiada no amor, no sexo e, para uma grande maioria, no projeto de procriação. É aqui que surgem algumas perguntas importantes. Se qualquer uma dessas perspectivas se desfaz, até que ponto os outros laços se mostram suficientemente fortes para manter os parceiros juntos? E quanto ao projeto familiar? Se não vierem os filhos desejados, para onde o casamento deve rumar?[16]

Lidar com a infertilidade exige de muitos a coragem para remexer em valores arraigados e até para redescobrir os verdadeiros laços que sustentam o casamento. Tudo isso gera sentimentos que se confundem e podem, a princípio, tornar a descoberta da infertilidade mais assustadora do que deveria. No entanto, esse impacto inicial é uma etapa vencida por muitos casais antes de se reabastecerem de ânimo e energia para superar a crise. Afinal, há muitas etapas na jornada em busca da fertilidade.

Poucos estão preparados para a infertilidade

Um primeiro aspecto a ser considerado é que, durante a sua formação, o indivíduo não é preparado para lidar com a infertilidade. A reprodução é tratada como um evento presumido para a idade adulta. Os jovens são alertados

DIÁRIO DE UM ESTERILEUTA 2:

Tenho medo e me sinto só

Foi preciso marcar uma consulta separada para que Sílvia ficasse à vontade para falar de suas suspeitas sobre sua dificuldade de engravidar. Afinal um ano e meio de testativas frustradas já havia passado. Ela tomou a iniciativa de me telefonar, após sua primeira visita ao consultório junto com Marcos. Pedia agora um atendimento individual. Estava convencida de que alguma coisa havia ocorrido de errado com seu corpo durante um namoro anterior. "Talvez uma infecção por alguma doença sexualmente transmissível, uma DST", suspeitava.

Achei curioso, ao ouvi-la, que estivesse precisando de um momento a sós para falar de um assunto que não era nenhum segredo no casamento. Marcos sabia dos namoros anteriores da companheira e vice-versa, e ambos pareceram bastante solidários e abertos na exposição de suas dúvidas na primeira consulta. Também pareceram muito seguros ao descartar qualquer histórico de doenças sexualmente transmissíveis (DST) ou infecções.

"Tenho sentido muito medo de ser a causadora de uma frustração tão grande em nosso casamento e não estou conseguindo falar sobre isso em casa. Marcos vive fugindo do assunto. Lembra sempre que não somos pessoas promíscuas, o que me deixa constrangida de aventar a possibilidade de ter tido alguma doença contagiosa sem saber. Realmente não sei quais são os sintomas de uma DST. O que sei é que fui poucas vezes ao ginecologista quando era mais jovem. Quero saber se o problema é meu e o que posso fazer a respeito", disse Silvia, admitindo todo o temor de ser responsabilizada pelo companheiro.

Expliquei a Silvia que a radiografia – na realidade, uma histerossalpingografia – que já estava marcada apontaria qualquer obstrução que, porventura, tivesse resultado de uma infecção. Ela perguntou se poderia estar sozinha no momento de conhecer o resultado. Sua aflição, que mais tarde se revelaria sem fundamento, era tão grande que um casamento até então sólido e tranquilo estava começando a entrar em crise. "Estou me sentindo sozinha, sempre deixando para depois conversas sobre nosso futuro e nossos planos para a casa. É como se nossa vida estivesse em suspenso. Enquanto isso, faço de conta que está tudo bem."

---

sobre a necessidade de evitar uma gravidez indesejada. Na escola, aprendem como funcionam seus corpos na reprodução, descobrem até que podem adiar ou descartar o projeto de ter filhos. No entanto, não são preparados para a possibilidade de serem inférteis ou de lidar com a infertilidade do parceiro escolhido.

É natural que o aprendizado intensivo – iniciado quando o problema aparece – implique em períodos de estresse, angústia e depressão. Culpa e solidão também são emoções muito presentes nessa situação.

Por que comigo? Por que com a gente? O que fiz de errado para merecer esse castigo? Perguntas como essas, que algumas pessoas acabam fazendo a si mesmas, têm também uma conotação de crise espiritual. Não há resposta para essas questões e não se pode buscá-las a não ser projetando-las em um plano metafísico, com colocações como esta: "Deus está me privando de uma coisa tão natural por algum motivo". Ou ainda, com a tentativa de materializar o sentimento de culpa por meio de qualquer fato ocorrido: "Se hoje sou infértil, com certeza foi por causa daquele aborto". Ou "daquele namoro". Ou "daquele DIU".

Homens e mulheres se portam de maneira diferente ao encarar a infertilidade. A mulher geralmente sofre muito, atribuindo-se uma responsabilidade que não lhe cabe individualmente. O homem é quem mais se esconde, ora negando o problema, ora negando sua gravidade. É impressionante o número de homens que, durante o tratamento, procuram mostrar-se absolutamente seguros de que tudo vai dar certo, como se dessa forma não precisassem lidar com a angústia da companheira – além da sua própria. No entanto, é importante que o casal trate em sua vida conjugal todo esse sentimento mal resolvido. É preciso tempo para assimilar uma situação nova!

É razoável que a mulher se sinta só ao ver a primeira grande crise de sua vida reduzida, na boca do parceiro, a um afago do tipo: "Tente relaxar. Não é tão grave assim". A válvula de escape da maioria de homens é afundar-se no trabalho para neutralizar a própria ansiedade. Já as mulheres, que enfrentam o problema mais de frente, se vêem obrigadas a administrar as emoções que interferem no seu dia-a-dia profissional. Mais do que nunca, ressentem-se da ausência, da insensibilidade e da falta de solidariedade que atribuem ao parceiro. O homem, a sua maneira, também sofre. Mas as formas diferentes de lidar com a situação não raramente impõem mais uma dificuldade para o casal: um distanciamento que pode agravar-se, mas que também pode ser revertido. O tempo e a qualidade da relação é que darão o desfecho para a crise.

Compartilhar o problema nem sempre é fácil

Fertilidade, sexo, privacidade: é difícil separar estes conceitos culturalmente. Quando a fertilidade precisa de ajuda externa, a necessidade de compartilhar o problema repercute na vida de muitos casais como um risco de expor sua intimidade sexual além do que consideram tolerável.

Individualmente, as pessoas aceitam com facilidade a busca de apoio médico para a solução de problemas de saúde sexual e se sentem mais seguras pelo fato de poder contar com um suporte profissional. É uma situação que tende a se reproduzir com o casal, quando o assunto é a fertilidade. No entanto, compartilhar o problema com amigos e parentes é uma história bem diferente. Até o momento de saber como e onde buscar ajuda, os parceiros passam por uma fase dolorosa de aceitação do problema em que muitas portas parecem difíceis de abrir. Falar sobre o assunto com terceiros pode ser uma dessas barreiras. É compreensível. Não é algo tão espontâneo quando quanto queixar-se, em uma roda de amigos, daquelas dores no peito que estão exigindo a consulta a um cardiologista. Surpreender os pais em um almoço de domingo com a confirmação de um diagnóstico de diabetes pode não ser tão difícil quanto revelar uma baixa contagem de espermatozóides.

DIÁRIO DE UM ESTERILEUTA 3:

Um intruso em nossa vida

Jacira e Sérgio chegaram decididos a partir para uma fertilização *in vitro* (FIV). Disseram que fariam todos os procedimentos necessários para utilizar esse método, mas que dispensavam maior investigação do motivo pelo qual ela ainda não tinha engravidado.

A princípio, me pareceram apenas encantados com a ideia de um "bebê de proveta", exatamente como outros casais que se impressionam com a divulgação das modernas técnicas de apoio à reprodução. No entanto, logo perceberia que o caso deles era diferente. Assim que expus a necessidade de investigarmos as causas da infertilidade, antes de qualquer decisão sobre o caminho a seguir, Sérgio mostrou-se irritado. Disse que não gostaria de ficar esmiuçando sua intimidade sexual, que tudo entre eles transcorria de forma normal e satisfatória, e que os dois não estavam dispostos a prolongar aquela angústia com uma investigação demorada.

"Não gosto da ideia de que, qualquer hora dessas, nossa vida particular acabe virando assunto na roda de amigos. Queremos um filho, e por isso estamos aqui", concluiu Sérgio, falando pelo casal. Jacira, quieta, parecia prostrada demais para interferir no rumo da conversa. Ao final, foi ela quem tomou a decisão, mais conformada do que convencida: "Se temos de fazer exames, vamos fazê-los".

Não são poucas as pessoas que se sentem constrangidas em abordar problemas de saúde que remetem a questões sexuais. Desabafar, ouvir casos parecidos, buscar a melhor indicação de especialistas são atitudes que melhoram o ânimo de quem vislumbra um tratamento médico pela frente. No entanto, para muitos casais que suspeitam de infertilidade, socializar seu problema é uma possibilidade desconfortável, negada, adiada ou nunca dividida. O que poderia ser motivo de apoio e solidariedade naturais quando se trata de doenças transforma-se em uma carga pesada para os parceiros carregarem – e o casamento sofre com isso.

Nos consultórios de reprodução humana, as dificuldades dessa fase também se manifestam sob a forma de timidez, constrangimentos, ou mesmo irritação diante de um "intruso" – o médico – que vem especular sobre a intimidade do casal, às vezes abordando coisas tão profundas que jamais foram ditas a alguém. A sexualidade de cada um traz reminiscências de situações vividas na infância, na adolescência, muitas presentes no inconsciente, impondo certos limites que precisam ser respeitados. Para qualquer pessoa, resumir um ato sexual em palavras, como se isto pudesse ser objeto de uma avaliação de qualidade, é reduzir demais a aspectos fisiológicos e mecânicos algo que se vivencia como expressão de um desejo, da qual o raciocínio e a lógica ficam muito distantes. E, de repente, surge o médico, com sua autoridade científica, vasculhando detalhes da vida íntima do casal. E, para agravar a situação, isso ocorre justamente em uma fase quando os parceiros experimentam insegurança, angústia e, às vezes, culpa e medo de cobranças. Não raro, certas coisas são relatadas por um dos cônjuges pela primeira vez na presença do médico, a ponto de surpreender o parceiro que nunca fora informado do assunto na intimidade do casal. Colocar dados pessoais sobre a mesa em nome da batalha por um bebê pode ser um momento importante, embora às vezes conflituoso, de aproximação e fortalecimento da relação a dois.

Os que passam por essa crise inicial podem ter pelo menos o conforto de saber que não são os únicos. Muitos casais inférteis passaram por ela e sobreviveram. Melhor: saíram fortalecidos!

5

O esterileuta e o diagnóstico

COMO EM QUALQUER TRATAMENTO MÉDICO, a escolha do profissional e o processo de diagnóstico são fundamentais para o sucesso da jornada em busca da fertilidade. Neste capítulo, abordaremos a formação e a função do médico especialista em reprodução – o esterileuta –, para então apresentarmos aspectos gerais do processo de diagnóstico das causa da infertilidade.

A formação do esterileuta

O esterileuta é um médico, via de regra formado em ginecologia, que durante sua formação dedicou-se com maior preocupação às áreas de endocrinologia, microcirurgia, laparoscopia e histeroscopia.

Além disso, para a formação do esterileuta é necessária a compreensão da fisiologia do aparelho reprodutor masculino e sua interação com o aparelho feminino, assim como um profundo conhecimento do espermatozóide e de sua íntima relação com o óvulo.

O esterileuta é o médico que vê a infertilidade como um único problema, seja ele do homem, da mulher ou resultado de características combinadas de ambos os parceiros. A concepção de diagnóstico do esterileuta considera a parceria do casal como uma somatória de pequenos obstáculos que, se possível, devem ser vencidos um a um. Caso contrário, devem ser propostos tratamentos mais direcionados às características do problema como um todo.

Não podemos nos esquecer que a fertilidade é a união de dois fatores, o masculino e o feminino, mas deve ser vista e tratada dentros de uma única especialidade. Enxergar o problema da infertilidade como um problema isolado, quer seja do homem ou da mulher, significa perder uma série de diagnósticos da interação espermatozóide-óvulo que podem ser fundamentais para o sucesso do tratamento.

Após o grande avanço das técnicas de reprodução assistida – fertilização *in vitro* – a partir da década de 1980, o tratamento da infertilidade passou a ser praticamente um atributo exclusivamente do esterileuta, embora muitos dos que fazem o procedimento não tenham formação completa na área de Reprodução Humana.

Em resumo, o esterileuta tem de possuir o conhecimento de um bom clínico, a habilidade de um cirurgião plástico e a sensibilidade de um psiquiatra.

As opiniões divergentes

Quando decide ir ao consultório de um esterileuta, o casal muitas vezes já passou por outros médicos – muitas vezes especialistas de outras áreas que não a reprodução humana. Portanto, é importante que o casal tenha consciência de sua tendência de considerar a experiência que tivera com outros profissionais, procurando estar aberto às opiniões do esterileuta.

Também é bastante frequente que o paciente busque a opinião de mais de um especialista ou esterileuta. Muitas vezes, já ouviu vários diagnósticos e chega a um ponto de trazer um verdadeiro histórico de seu caso. Ele já ouviu proposições diferentes sobre sua condição e, por isso, já chega um pouco desconfiado. A culpa, no entanto, não é nem do paciente e, possivelmente, nem do especialista. Na realidade, os caminhos de tratamento dependem da experiência adquirida pelo esterileuta.

Existem várias formas de se obter resultados. Em casos dúbios, a opção pode estar entre dois ou três tipos de tratamentos e cada especialista se orienta pelo caminho que lhe parece mais seguro ou eficaz. Ao mudar de médico, o casal também leva os conhecimentos que adquiriu e, mesmo sem muito embasamento, tem a sua própria visão de como deve ser tratado, não raro apresentando dificuldades em aceitar um caminho diferente, ainda que sua esperança esteja depositada aí. É importante que, ao procurar um novo profissional, o casal esteja disposto a considerar novas opiniões divergentes.

A importância de um diagnóstico seguro

Quando um casal procura o esterileuta, não é raro sentar na frente do médico com a cabeça cheia de confusões entremeadas com certezas adquiridas durante a avaliação dos exames pedidos pelo ginecologista ou o urologista. Aí começa a primeira etapa do trabalho do esterileuta, que é fazer a releitura desses exames e interpretar suas sutilezas em busca de pistas para um diagnóstico mais preciso. O esterileuta, nessa fase inicial, torna-se o doutor dúvidas. Seu olhar primordial será sempre carregado de hipóteses. Mesmo que o ultra-som mostre uma imagem clara, ele vai se perguntar qual é a possibilidade do exame estar certo ou em que caso desconfiar dos números revelados pelo espermograma – exame que faz a contagem dos espermatozóides.

Um exemplo típico aconteceu comigo em 1993. O casal chegou ao consultório com uma esterilidade de dois anos e sem diagnóstico claro. Ela tinha dosagens hormonais alteradas e não ovulava. Apesar de já terem decidido pela FIV, resolveram consultar mais de um médico. A partir de novos exames, começaram a considerar a proposta de tentar uma inseminação. Na primeira tentativa ela ficou grávida, sem a necessidade de usar métodos mais invasivos.

Outra paciente veio com uma radiografia que indicava a presença de aderências sugestivas de uma endometriose, o que estaria impedindo sua gravidez. Ela já tinha em mente a possibilidade de fazer uma cirurgia translaparoscópica para soltar as aderências e restabelecer sua fertilidade. Seu marido, disposto a cumprir todas as etapas do tratamento, inclusive refazer alguns exames, teve uma surpresa na segunda consulta: seu espermograma revelou espermatozóides em baixa quantidade e com baixíssima motilidade. A nova informação mudou todo encaminhamento do caso. O tratamento com melhor taxa de gravidez seria a FIV, que não depende da trompa, dispensando a correção da mesma por laparoscopia.

Como vimos nos casos que acabaram de ser citados, não se pode optar por um tratamento sem o diagnóstico seguro. Parece óbvio, não é mesmo? E é. Trata-se de uma regra básica para qualquer tratamento médico e que deve ser absolutamente respeitada no tratamento de infertilidade. Negligenciá-la pode significar a diferença entre o sucesso e o fracasso da tentativa de se ter um bebê.

Na prática, isto quer dizer que o médico vai se transformar primeiramente em um detetive meticuloso e depois em um promotor obstinado em busca de provas. Por exemplo, se um primeiro exame revela que a mulher apresenta baixas doses do hormônio feminino progesterona em um ciclo, o médico deve checar essa informação realizando novos exames até reunir provas para concluir que essa alteração determina a falta de ovulação. Cabe ao especialista, portanto, imaginar inúmeras possibilidades e questionar quanto puder a informação para situá-la no contexto certo. Nesse caso em particular, caberia ao médico, por exemplo, perguntar-se se o exame não pode ter sido realizado em um ciclo atípico, em que a mulher não teve uma ovulação que produzisse boas quantidades de progesterona. O médico sempre deve testar todas as variáveis antes de iniciar um tratamento, podendo, muitas vezes, tratar a causa do problema, dispensando métodos de fertilização desnecessários.

Embora a atitude correta seja buscar a confirmação dos exames, isso pode criar situações delicadas no consultório. Isso porque o diagnóstico pode sutilmente trazer à tona os conflitos gerados pela diferença de expectativas do médico e do paciente. É evidente que para muitos pacientes nem sempre é fácil entender as dificuldades do especialista, que pede a repetição de um exame, depois opta por checar novamente a dosagem de determinado hormônio. A busca de quem procura um tratamento é o resultado definitivo, breve, algo que alivia a angústia de um problema inexplicado em busca de solução. No entanto, a lógica do médico não é matemática. Em infertilidade, dois e dois não viram três e tampouco somam quatro.

O processo de diagnóstico

Quando os parceiros vão juntos ao esterileuta, a investigação no primeiro mês é básica, mas abrangente. Exames hormonais na mulher e o espermograma do homem são o ponto de partida. Em seguida, pode vir a biopsia do endométrio. Passada a menstruação, é hora da histerossalpingografia – exame que permite verificar as condições das trompas –, que só dispensável ou adiável quando o espermograma aponta problemas masculinos muito claros. Nesse caso, serão os exames masculinos que começarão a se aprofundar. (As características de todos esses exames serão abordadas em capítulos posteriores.)

Cada exame tem inúmeras variáveis de acordo com o funcionamento do organismo. Não se trata de circunstâncias estanques. Não se pode fazer uma histerossalpingografia em qualquer dia. Ela deve ser feita logo depois que o sangramento termina. Em um ciclo menstrual, já é possível identificar muita coisa e no máximo em dois ciclos obtem-se o diagnóstico completo.

Não é preciso que a mulher espere seu ciclo menstrual terminar para ir à consulta com o esterileuta. Pelo contrário, o melhor é aproveitar a oportunidade, pois o médico poderá ter certeza das fases do ciclo e pedir os exames com maior precisão. Até pouco tempo atrás, costumava-se investigar os desequilíbrios reprodutivos femininos na segunda metade do ciclo, após o momento da suposta ovulação, quando os hormônios indicam se houve ou não ovulação. Hoje os procedimentos mudaram. Muito do que acontece na segunda fase é reflexo de problemas na primeira, sendo necessária uma abordagem integral para um bom tratamento.[17]

Desvendando o quebra-cabeça

Um quadro muito comum nos consultórios de reprodução humana é o da mulher que não tem uma ovulação com altíssima qualidade de fecundação – seja por seu estímulo inicial no óvulo ou por interferências de outros hormônios ou fatores – com um homem que, por sua vez, não possui sêmen com motilidade ou em quantidade bem acima dos padrões normais. Trata-se de um perfil relativamente frequente e, felizmente, sem grandes complicações. Em situações desse tipo, no meu entender, não há motivos para partir imediatamente para uma fertilização *in vitro* sem antes experimentar alguns recursos na tentativa de corrigir o perfil hormonal e a ovulação. Tudo isso, é claro, considerando-se a expectativa do paciente.

No entanto, o que fazer se o casal, já esgotado de fase diagnóstica, vem buscando um tratamento rápido, com técnicas ultra-sofisticadas? Opta-se pelo high-tech? Tenta-se repetir exames? Esta é uma situação que devemos discutir com bastante calma e profundidade, buscando descobrir qual o método que trará a melhor taxa de gravidez a médio prazo. Nesse tipo de situação, é importante que o casal procure obter o máximo de informações sobre sua situação para que possa tomar a melhor decisão junto com o médico.

O Diagnóstico Feminino	
Exame	Quando é realizado
Avaliações hormonais: FSH, LH, Prolactina e Estradiol	Entre o 2º e o 4º dia do ciclo menstrual
Histerossalpingografia	Logo após o término da menstruação
Acompanhamento ultrasonográfico da evolução do folículo:	Entre o 7º e o 16º dia do ciclo menstrual
Biópsia do endométrio	Entre o 22º e o 24º dia do ciclo menstrual
Tese pós-coito	Acompanhamento com avaliação do muco cervical a partir do 10 dia do ciclo; realização do exame no momento em que as condições do muco forem favoráveis
Dosagem de progesterona	Entre o 22º e o 24º dia do ciclo menstrual

O Diagnóstico Masculino	
Exame	Quando é realizado
Espermograma	Após período de abstinência sexual semelhante ao do casal
Espermocultura	Solicitada junto com o espermograma

De fato, discute-se muito, dentro da especialidade de reprodução humana, se o especialista deve esperar para fazer a fertilização *in vitro* ou partir logo para esse método. A fertilização *in vitro* (FIV) tem uma taxa de sucesso de aproximadamente 30% por tentativa. No entanto, quando o procedimento da fertilização *in vitro* não dá certo, o casal pode ficar muito abalado, entender o assunto como um prognóstico fechado, abandonar o tratamento e ter a vida marcada por essa frustração. Por isso, alguns esterileutas só escolhem o método da FIV quando ele é realmente necessário. A sensibilidade e as condições dos parceiros não são um dado secundário nessa questão.

Não são poucos os casos em que a busca de soluções anteriores é oportuna. São frequentes situações de casais prestes a optar pelo bebê de proveta e descobrem, graças a novos exames, que podem recorrer a soluções mais racionais, como a realização de procedimentos menos agressivos. Foi o caso da mulher que desistiu da FIV para submeter-se a uma laparoscopia para retirar as aderências das trompas e, três meses depois, conseguiu engravidar. Ela teve uma grande vantagem porque resolveu seu problema pela raiz. Além disso, livrou-se de dores que foram sanadas com a soltura da trompa. Para essa mulher, foi a melhor solução. Agora, ela pode ter quantos filhos quiser, independentemente do médico.

No entanto, a FIV pode passar a ser a primeira opção se a mulher tiver mais de 35 anos ou se o casal estiver tentando engravidar há mais de cinco anos. Nesses casos, não há muito o que discutir quanto à escolha da FIV e pode ser interessante pular uma etapa. O mesmo ocorre nos casos que se caracterizam pela esterilidade de um dos parceiros. A ausência de ovários, a não produção de espermatozóides ou a obstrução das trompas são exemplos incontestáveis de esterilidade.

Situação inversa pode ocorrer com o casal que procura engravidar há cerca de dois anos, com idades na faixa dos 25 a 30 anos, a vida inteira pela frente e o desejo de ter mais de um filho. Nesse caso, considero muito agressivo deixar de investigar mais profundamente as causas da infertilidade, atitude que acabaria por manter o casal na dependência de um médico para realizar os procedimentos da FIV toda vez que quisesse ter um filho. No entanto, alguns casais tendem a desistir do tratamento ao sentir que o especialista pretende fazer inúmeras investigações antes de partir para a FIV. Portanto, é fundamental que o médico saiba expor com clareza suas intenções, métodos e resultados de forma a instaurar um clima de confiança e franqueza. Dessa forma – e com a ajuda de uma atitude compreensiva e paciente do casal –, todos os sentimentos, desde a ansiedade até o medo, podem ser discutidos no contexto da escolha do tratamento, permitindo que todos saiam ganhando.

O trabalho do esterileuta também é subordinado à tábua de vida que se delineia pelos índices naturais de gravidez. Ao tratar um casal, resolvendo os problemas que impedem uma concepção normal, ficam restabelecidas as chances que todo mundo tem. A gravidez poderá vir logo ou exigir novas tentativas. No entanto, outras variáveis participam dessa expectativa. É preciso um certo tempo para saber se determinado tratamento deu resultado: é o tempo para que as chances naturais ocorram e para que medicamentos, cirurgias e recursos empregados para a reprodução assistida produzam efeitos. Ao administrar, por exemplo, um indutor de ovulação, há todo um processo pela frente que precisa dar certo. No entanto, tampouco se pode esperar demais para que outros caminhos médicos sejam tentados.

É importante lembrar que, nos tratamentos da esterilidade, é difícil garantir diagnósticos taxativos. Com exceção dos casos irrefutáveis – menopausa ou ausência de trompas, útero e espermatozóides –, os fatores são todos muito relativos. Por isso certezas absolutas não são possíveis depois de apenas uma investigação inicial.

Também é importante deixar claro que o papel do médico não é convencer as pessoas de soluções maravilhosas e modernas, mas sim mostrar os caminhos e discutir as vantagens e desvantagens de cada opção, inclusive estatisticamente, deixando que o casal decida qual é a opção mais adequada ao seu modo de pensar e ao seu estilo de vida.

Conversando sobre sexo

Quando os exames não indicam problemas hormonais ou genéticos, processos infecciosos ou fatores obstrutivos em nenhum dos parceiros, o teste pós-coito, feito no momento adequado, pode indicar se a causa de infertilidade está na forma com que os parceiros se relacionam sexualmente. Se a amostra do muco cervical, após a relação sexual, não apresentar espermatozóides, é possível que eles não tenham chegado lá porque a forma como o casal se relacionou sexualmente não tenha permitido.

Embora seja uma felicidade para o casal descobrir que nenhum dos dois tem doenças orgânicas ou estruturais que impeçam uma gravidez, as causas para a não deposição de sêmen no fundo da vagina em uma relação entre parceiros férteis geralmente fogem aos recursos de investigação do esterileuta. E esse tipo de dificuldade pode levar um longo período para ser solucionada.

Por isso, é importante para o profissional que trata da infertilidade fazer uma investigação da relação sexual do casal. Deixar de lado essas informações seria ignorar um passo importante do diagnóstico. Normalmente, o esterileuta aproveitará um momento mais tranquilo da consulta para fazer algumas perguntas ao casal sobre sua vida sexual. Perguntamos, por exemplo, se há ejaculação e se o homem considera a sua ejaculação de boa qualidade. Queremos saber também se ambos, homem e mulher, consideram a penetração como de boa qualidade e se há ejaculação dentro da vagina. Tudo isso faz parte da investigação médica.

O que não é da alçada do esterileuta é discutir disfunções sexuais, quer dizer, problemas psicológicos ou físicos que afetam a vida sexual do casal. Uma primeira avaliação da relação sexual pode trazer indícios importantes para a investigação da infertilidade. Daí para frente, no entanto, a investigação da qualidade do coito, com a anuência do casal, requer a ajuda de um sexólogo.[18]

Não podemos esquecer que o esterileuta geralmente conta com um profissional de apoio para atender o casal e conhece seus próprios limites. Ele não pode agir como quem abre um órgão para fazer uma cirurgia e não sabe o que é que está sangrando. A forma com que o casal se ama tem significados mais profundos do que um mero aspecto mecânico do coito. Ela concentra sentimentos, cumplicidades e segredos individuais que não devem ser violados impunemente. Podem, sim, ser levados ao terapeuta.

Finalmente, não podemos esquecer que geralmente não é qualidade da relação sexual que determina o desejo de uma gravidez, mas a qualidade da relação do casal. É importante lembrar que os parceiros também podem, a qualquer momento, optar por pular etapas, partindo para uma inseminação artificial. É comum a escolha da inseminação em casos acentuados de impotência relativa em que não seja possível o necessário aprofundamento do pênis no momento de expelir o sêmen. Em outros casos, com explicações menos detectáveis, a medicina tratará o problema como Esterilidade Sem Causa Aparente (Esca) e ele poderá ser resolvido pelas técnicas de reprodução assistida. Se os parceiros se aceitam e têm prazer na sua forma de relacionar-se, ainda que ela seja insuficiente para promover a desejada fecundação, eles têm todo o direito de escolher a reprodução assistida.

Hipodiagnóstico e hiperdimensionamento do tratamento

Investigação de menos e tecnologia demais. Esta pode ser a alternativa oferecida a um casal que procure ajuda em uma clínica de fertilização *in vitro*. Nesse caso, a filosofia do serviço é pular etapas, perder menos tempo com o diagnóstico e partir direto para o bebê de proveta, que é como a FIV é conhecida. Trata-se de uma combinação entre hipodiagnóstico – menor investigação das causas – e hipertratamento – uso da mais alta tecnologia para tentar contornar os problemas existentes. Vale a pena?

Diante de uma situação como esta, o casal deve primeiro considerar que há outros serviços que adotam uma filosofia de atendimento diferente: primeiro buscam a causa da esterilidade, depois fazem a indicação do tratamento mais adequado, seja um simples medicamento para corrigir algum desequilíbrio do ciclo hormonal ou o bebê de proveta.

A ampla gama de problemas que o uso da fertilização *in vitro* pode, em tese, resolver é a causa do surgimento de muitas clínicas que praticam a combinação de hipodiagnóstico e hipertratamento. O funcionamento dessas clínicas é facilitado pelo fato de que o tratamento pode ser feito por um médico que domine a técnica do bebê de proveta, sem possuir profundos conhecimentos de endocrinologia e com menos especialização em saúde reprodutiva do que seria exigido para identificação e tratamento das causas.

Embora pareça uma via rápida para a gravidez, essa filosofia pode retardar ou até mesmo colocar a perder as chances de gravidez que o casal teria com outros procedimentos. Para muitos pacientes seria como propor que tomem um avião a jato quando eles só precisam ir de um bairro para outro.

Como acabamos de ver, alguns exames básicos são exigidos no tratamento de um caso de infertilidade. Esses exames são o mínimo que se deve fazer. Muitas causas aparecem nessa fase de investigação e podem ser tratadas de formas mais naturais ou já confirmar a necessidade de uma fertilização *in vitro* ou ICSI (método de reprodução assistida que consiste na introdução de um espermatozóide diretamente no óvulo). Os exames básicos podem exigir algum outro procedimento de diagnóstico mais detalhado ou então indicar a necessidade de alguns meses de cuidados para que a tentativa de engravidar, mesmo com uso de tecnologia, tenha chances bem maiores de sucesso.

A lógica que explica o hipodiagnóstico pode ser compreendida em um exemplo simples: se a transferência do embrião, em uma FIV, é feita sem passar pela trompa, para que radiografar e tratar a trompa? O fato é que essa trompa pode estar prejudicada por alguma aderência externa, fácil de ser descolada em uma laparoscopia. E, uma vez descolada, a mulher pode ter suas condições reprodutivas restauradas, sem necessidade de recorrer à FIV.

Agora, digamos que a paciente precise mesmo da FIV porque suas trompas não funcionam como um caminho adequado para o óvulo. Mesmo assim, é preciso investigar e tratar as causas para que a própria FIV funcione. Doenças de trompa podem despejar certos líquidos no útero que roubam as condições de implantação do embrião. A FIV é feita, o embrião é transferido, mas acaba não conseguindo se fixar no útero, causando o desperdício de uma grande oportunidade.

Quando um bom diagnóstico é feito, o casal tem a oportunidade de conhecer melhor as etapas do tratamento que vai fazer, as escolhas ao seu alcance e as chances de gravidez durante o tratamento. Essa transparência tem um efeito inibidor no abandono do tratamento.

Estatisticamente, há trabalhos muito sérios mostrando que nos grupos tratados diretamente com FIV, pulando etapas, a taxa acumulada de gravidez em alguns casos é menor do que em grupos onde as causas da infertilidade foram investigadas e tratadas a partir de indicação específica. O motivo disso é que as chances de uma mulher engravidar são cumulativas, ou seja, aumentam com o desenrolar do tratamento. Quando a FIV não dá certo e o casal não tenta novamente, seja porque o procedimento é caro ou devido ao estresse que representa uma segunda ou terceira tentativa, a chance cumulativa deixa de existir.

Ao consultar uma clínica de reprodução assistida, o casal deve fazer algumas perguntas básicas: As causas da infertilidade estão sendo adequadamente investigadas? Feitos os exames, há uma preocupação em chegar ao diagnóstico correto? O tratamento recomendado se relaciona diretamente com as causas identificadas ou pula etapas de investigação? Por que determinada opção está sendo indicada? Há tratamentos menos invasivos que podem resolver os problemas encontrados? Com qual dos métodos as chances acumuladas de gravidez serão maiores?

6

A ansiedade e o aspecto emocional

A ANSIEDADE COSTUMA CHEGAR JUNTO com o casal logo na primeira consulta. Afinal, qualquer pessoa tem sempre a esperança de escutar que seu problema não requer soluções complicadas e que simples orientações serão suficientes para contornar o problema, sem necessidade de uma investigação ou tratamento para a resolução da infertilidade. A realidade, no entanto, mostra-se bem diferente dessa expectativa em inúmeros casos, e o estresse e a incerteza se fazem presentes.

Além disso, muitos casais se encantam com a possibilidade de resolver tudo rapidamente com método sofisticado e já chegam querendo um bebê de proveta ou ICSI. São, muitas vezes, seduzidos pelo tipo de informação que recebem dos meios de comunicação. É importante, no entanto, que se tenha consciência do encanto e sofisticação artificiais que a mídia coloca sobre esses tratamentos. Muitas vezes o diagnóstico e o tratamento podem demorar mais do que aquilo que o casal gostaria, mas nem por isso ele deve se esquivar de um diagnóstico mais aprofundado ou pular etapas e procedimentos. A ansiedade, portanto, acaba sendo a consequência natural da espera e da incerteza de um tratamento correto. O importante é não permitir que ela tome as rédeas da situação.

Há ainda outro aspecto gerador de estresse e ansiedade. Durante o diagnóstico e o tratamento da infertilidade, é possível que alguns exames tenham que ser repetidos, o que pode gerar uma certa ansiedade. Às vezes, exames são repetidos devido a algum erro do laboratório. No entanto, essa insistência em um diagnóstico preciso é imprescindível. Ou se faz um diagnóstico correto ou tapa-se o sol com a peneira, efetuando-se procedimentos mais invasivos muitas vezes sem necessidade.

DIÁRIO DE UM ESTERILEUTA 4:

Não existe um caminho mais rápido?

Marina e Antônio Carlos já haviam passado por uma fertilização *in vitro* (FIV) sem sucesso quando me procuraram. Agora, queriam tentar de novo. Estavam casados há seis anos, com uma relação estável e uma vida conjugal satisfatória, porém dando sinais de cansaço – não queriam mais viver a dois somente.

Formada em odontopediatria, Marina relatou o quanto se sentia cada vez mais frustrada ao tratar de seus pequenos pacientes, atormentada por ainda não ter a sua própria criança. Um pouco gordinha, sofria de uma Síndrome do Ovário Policístico e o fato de ter feito uma FIV sem sucesso lhe dava a sensação de esterilidade irreversível, pois "nem com o bebê de proveta a gravidez foi possível".

Conversamos muito. O caso me parecia relativamente simples, sem necessidade de um procedimento muto invasivo como primeira opção. Propus que fizéssemos quatro tentativas de Inseminação Intra-Uterina, com um protocolo de indução apropriado para o seu caso e muita paciência. Mas precisei, em primeiro lugar, desmistificar a ideia de uma FIV como solução imperativa, e o casal teve de conviver, por algum tempo, com essa mudança de planos, o que não foi nada fácil.

Antônio Carlos alegou que queria um prognóstico definitivo. Poderia adotar um filho, se necessário, mas não suportava ter a vida paralisada a espera de uma solução. Era como se preferisse saber com certeza que não iam conseguir a gravidez do que suportar a angústia do risco e da dúvida. A FIV lhes parecia o caminho mais rápido até essa resposta.

Era interessante o fascínio que a FIV exercia sobre esse casal como uma saída absoluta para o seu problema. Era tal o mito sobre esse procedimento que, apesar de terem feito uma única tentativa, o casal foi tomado por tamanha decepção quando esta fracassou, que interrompeu o tratamento. A impressão que tive foi que eles traziam dentro de si uma estatística falsa, irreal, sobre a eficácia da FIV, de modo que, se esperavam 100% de sucesso e este não veio, passaram a acreditar, da mesma maneira mágica, que seu caso teria 100% de fracasso. Naquele momento, quando reuniam recursos e coragem para se arriscar novamente, vinha-lhes uma palavra médica que apontava outro rumo.

Esse casal sumiu por cerca de quatro meses. No entanto, os dois retornaram, um pouco mais preparados para lidar com uma margem realista de sucessos e fracassos. Não tiveram êxito nas duas tentativas e acompanhei Marina desabar em choro, revelando um profundo desespero e queixando-se de impotência diante da vida. Ela ainda precisaria de muita coragem para encarar os altos e baixos do tratamento. Na terceira tentativa, houve um atraso menstrual e ela me ligou muito entusiasmada. Da extrema felicidade, com o resultado positivo de um BHCG, mergulhou em sofrimento e desânimo quando, dois meses depois, teve um aborto. Que importavam para ela as estatísticas que reservam 15% de chance de aborto para uma gravidez, independente de qualquer doença preexistente?

Marina sentia-se definitivamente infértil e não era só ela que estava sofrendo. O casal passou por um período depressivo que durou cerca de três meses. Esse período – devo dizer – foi necessário, pois o casal precisava de tempo para chorar a perda daquele bebê, entrar em contato com o luto, elaborá-lo e reunir forças para mais um *round*.

Quando voltaram, propus que continuássemos de onde havíamos parado, com uma quarta Inseminação Intra-Uterina, já que tínhamos a certeza de que os espermatozóides e óvulos eram competentes e havia a possibilidade de acasalamento entre eles. No primeiro ciclo de tentativa desta nova fase, Marina engravidou. Desta vez não ficou tão entusiasmada logo no início. Tinha o tempo todo a sensação de que também poderia perder aquela gestação. Propus um acompanhamento psicoterápico para que os dois suportassem melhor aquele período de tanta ansiedade. Após quatro meses, Marina já sentia seu bebê mexer. Era uma menina, que ao nascer ganharia o nome de Vitória.

A espera e a incerteza

A infertilidade é assunto sério para um casal que deseja ter filhos. Tão sério que, se houvesse um meio de contorná-lo, pulando etapas, chegando a uma espécie de gravidez por "encomenda" à medicina, sem as incertezas que acompanham um tratamento de saúde reprodutiva, muitos casais prefeririam essa opção. Por isso, a associação entre infertilidade e bebês de proveta é tão imediata.

Entre as pessoas que esperam da ciência uma solução mágica, até glamourosa, como às vezes se mostra a FIV, estão aquelas que simplesmente têm medo do impacto que a convivência com a infertilidade por um período incerto terá sobre suas vidas. Procuram agarrar-se a uma solução capaz de poupá-los de uma fase mais difícil. Terão que aceitar um diagnóstico e confrontar-se com os possíveis limites de seu caso. Ainda estão por saber se são capazes de dar ou receber do companheiro o apoio para a enfrentar frustrações nesse caminho. Aos poucos, esses casais descobrem que conhecer e aceitar as causas da infertilidade, assim como as possibilidades reais de tratamento, torna-os mais seguros, mesmo não sendo fácil chegar até lá.

Assim como o diagnóstico considera as condições reprodutivas de cada parceiro para apontar a forma mais adequada de se tentar a gravidez, a estratégia para o tratamento tem sua lógica apoiada nas melhores chances que o caso apresenta. Não se deve mudá-la no meio do percurso, abandonando soluções mais naturais, menos invasivas, e apostando em saídas mais agressivas – a menos que fatores inquestionáveis como idade avançada ou os impedimentos severos já mencionados exijam que se queimem etapas.

Os procedimentos ideais em reprodução assistida têm um grau crescente de complexidade, cumpridos passo a passo, degrau por degrau, deixando opções mais radicais para os casos que de fato as exigem.[19] Quando a primeira tentativa não tem o êxito desejado, é difícil passar por tudo isso. Nestes anos todos, tenho também percebido que as pessoas têm recursos emocionais muito maiores do que elas próprias acreditam. Se estão se sentindo frágeis, eu não posso confirmar essa fragilidade substituindo condutas que demandam espera e maior tolerância por outras mais imediatistas que não seriam as mais adequadas (em termos de possibilidade de gravidez) para o momento em questão – o tratamento poderia resultar em fracasso, na medida em que não seriam buscadas alternativas mais corretas, passo a passo.

DIÁRIO DE UM ESTERILEUTA 5:

Cobrança, angústia e revolta

Lívia teria que tomar bloqueadores hormonais por três meses, para dar um descanso ao organismo que começava a sofrer as consequências de uma endometriose. Depois, ela e Carlos teriam outros seis meses para tentar uma gravidez por meios naturais. O maior impedimento – uma pequena aderência da trompa esquerda –, acabava de ser removido por meio de uma laparoscopia. Carlos tinha 36 anos, sete a mais que Lívia, e poderiam se dar essa chance antes de recorrer a técnicas de reprodução assistida. Estavam casados há quatro anos. Tinham, teoricamente, toda uma vida pela frente. Mas enquanto tentavam encomendar um bebê à cegonha, quanto desgaste pareciam acumular em suas vidas!

Lembro-me do dia em que Carlos, enquanto estava a sós comigo, revelou o quanto estava sofrendo pessoalmente com a infertilidade. De família italiana numerosa, sem nenhum antecedente de esterilidade, era cobrado continuamente sobre quando finalmente iriam "contribuir" para a tradição da família. Como Lívia era portadora de uma endometriose, seus pais, de uma maneira velada, a culpavam pela ausência de filhos. A pressão tinha crescido de tal modo que os dois tinham diminuído a frequência das visitas a seus parentes. Mas agora era Carlos quem, de alguma maneira, responsabilizava Lívia por este afastamento. Contou-me, enfim, que por várias vezes pensou em se separar.

Para Lívia, por outro lado, a angústia vinha carregada de raiva. Frequentemente, se revoltava com tudo. Com Deus, com a natureza, com ela própria, com o marido, com a família, com a equipe médica – todos eram culpados pelo seu sofrimento. Chegava a ter medo da própria agressividade. Os dois também já estavam bastante afastados da ativa vida social que tinham antes. Nesse contexto, dá para imaginar a urgência de ambos, cada um com seus motivos, para que esse bebê viesse logo.

No entanto, como médico que conduz o caso, eu não poderia guiar-me por essa carga de angústia, ainda que a compreendesse profundamente. Após um ano sem gravidez, sugeri a eles a FIV. Felizmente eles ficaram "grávidos" na segunda tentativa e hoje já têm um filhinho.

É impressionante a transformação das pacientes que, muitas vezes, chegam à primeira consulta com pavor até de serem examinadas e, pouco a pouco, enfrentam procedimentos que vão exigindo cada vez mais autocontrole e tolerância. Tornam-se fortes, firmes e cada vez mais corajosas.

As pressões envolvidas

É mais fácil atribuir a pressões externas o sentimento de cobrança que o casal experimenta em um tratamento demorado de infertilidade do que percebê-las em si mesmo. Alguns pacientes, por exemplo, não conseguem lidar com a grande frustração do profundo desejo de ser pai e preferem, de um lado, projetar esse sofrimento nas cobranças familiares e, de outro, tentar fugir dele por meio da separação. Pensar em desmanchar um casamento nessas circunstâncias é comum, embora o desfecho, na maioria das vezes, não seja esse. Aos poucos vai ficando mais claro que vida conjugal não é necessariamente sinônimo de reprodução, embora seja um importante suporte que precisa estar sólido para o casal que luta com a infertilidade.

A preocupação financeira com o tratamento, por sua vez, tende a espelhar outras angústias. É mais fácil para as pessoas lidarem com o problema financeiro, dando um peso exagerado ao custo do tratamento, que é um problema socialmente aceito, do que enfrentar suas limitações pessoais. O índice de abandono do tratamento, mesmo de pessoas que não têm nenhum problema de ordem financeira ou estão se tratando em hospitais públicos gratuitos também é bastante elevado.

Algumas vezes, as frustrações da incerteza e da espera no tratamento podem gerar sentimentos de culpa no casal. Ao se prolongar, essa frustração pode levar a uma depressão que, se for leve, caracteriza-se por sensações de tristeza, aborrecimento e amargor. Amigos e familiares não conseguem entender o que casal sofre, por que sofre, e tampouco por que evitam situações de convívio. Uma das explicações é que o casal gastar tempo com amigos da mesma idade porque estes podem estar na fase de batizar os filhos, comemor seus aniversários ou matriculá-los na escola, o que remete diretamente à incômoda questão da infertilidade. Junto com tal situação o casal também pode achar que está sendo cobrado pelo grupo. Fica mais fácil projetar no meio social essa cobrança do que admitir que ela é interna.[20]

Quando a depressão é muito grave, ela exige tratamento médico. O mal-estar caracteriza-se por alterações do humor, ideação pessimista, falta de prazer com a vida, além de alterações do sono, da alimentação e da vida sexual. O casal passa a enxergar a vida em preto e branco.

Entre aborrecimentos menores e a depressão clássica, há o casal que começa a ficar muito desagradável no convívio social – fica agressivo, isola-se e afasta as pessoas.

Outro tipo de resposta é a raiva, a não aceitação, que pode atingir qualquer um dos cônjuges e existir até entre eles.

Quem não vai ter filhos e admite isso, não sofre da mesma maneira, porque muda o rumo da vida. Mas quem continua perseguindo o bebê, fica parado na própria existência. O próximo passo de vida na cabeça desse casal é a gravidez. Então, não se dá mais nenhum passo, antes que ela aconteça.

Infelizmente, as pressões geradas pela realidade da infertilidade impactuam não apenas as relações sociais, mas também a relação conjugal. A fertilidade é simbolicamente associada ao sexo. Quando fica claro o problema em um campo, o outro também pode ser afetado. Consequentemente, muitos casais se distanciam sexualmente, passando a achar pouco prazeroso estarem juntos.[21]

Custos psicológicos e emocionais de uma FIV

A princípio, ninguém acha que o tratamento da infertilidade seja um sofrimento. A sensação só aparece quando a primeira tentativa é frustrada. Por vá-

DIÁRIO DO ESTERILEUTA 6:

O cansaço psicológico

Maria Emília teve um aborto espontâneo do terceiro para o quarto mês de gravidez. Foi necessário fazer uma curetagem, procedimento dificílimo nessa fase, pois o útero está muito grande. Como resultado, ela teve uma infecção que lesou suas trompas, a direita completamente e a esquerda apenas parcialmente.

Mais tarde, Maria Emília desenvolveu uma gravidez na trompa restante e foi obrigada a extraí-la. Foi quando seu ginecologista, que a acompanhara desde o início dos problemas, a encaminhou para mim para que fizesse uma fertilização *in vitro*.

Para o melhor aproveitamento dos óvulos seria necessário adiar o tratamento por alguns dias. Diante disso, Maria Emília teve uma crise emocional e disse estar cansada de sofrer fisicamente: tivera um aborto, fizera uma curetagem e estava tomando injeções. Seu cansaço, demonstrado ali, não era físico e sim psicológico. O diabético poderá precisar tomar injeções a vida inteira. Do ponto de vista físico, uma curetagem é menos do que quebrar um pé. Perder dois filhos, no entanto, é uma experiência muito dolorosa.

---

rios motivos, a maioria de ordem emocional, poucos são os casais que aguentam mais do que quatro ou cinco tentativas de FIV. É necessário que o casal demonstre grande estruturação e equilíbrio internos para que o tratamento da infertilidade tenha sucesso.

Particularmente, há sempre uma grande expectativa em relação à fertilização *in vitro*, o que acarreta um alto grau de ansiedade ao paciente. O esterileuta deve sempre considerar isso nos casos em que o método é realmente necessário.

A primeira fase do tratamento é a animação antes da festa. A festa é a fertilização do óvulo e a transferência do embrião. A paciente vai ao médico, conversa e começa a tomar as injeções. Durante essa espera, gera-se uma grande euforia que pode transformar-se em depressão caso o tratamento não dê certo.

A importância do acompanhamento psicoterápico

O acompanhamento psicoterápico pode não ser necessário para todos os pacientes, mas é aconselhável em alguns casos. A razão disso é que, como já vimos, a dificuldade de ter filhos pode ter reflexos na estabilidade emocional do casal ou de um dos parceiros. Muitas mulheres já tem a auto-estima comprometida quando iniciam o tratamento.

Outra razão para que o acompanhamento psicoterápico seja indicado é a grande possibilidade de abandono do tratamento pelo cansaço emocional e não pela impossibilidade de sucesso. Por serem cumulativas, as chances de gravidez aumentam a cada ciclo com o tempo de tratamento. Isto é um fato inquestionável, mesmo para casais sem problemas reprodutivos que tentam por alguns meses até conseguir a gravidez. No entanto, para se dar essa chance aumentada, o casal que está em tratamento precisa lidar melhor com o tempo de tratamento e compreender que ele corre a seu favor, desde que cada ciclo seja aproveitado como uma nova e mais promissora oportunidade.

Quando se sabe que há um problema a ser superado, não e fácil controlar a ansiedade e a frustração geradas por tentativas fracassadas logo no início do tratamento. Com um profissional dando suporte psicológico ao casal, especialmente a mulher, os parceiros podem lidar melhor com suas expectativas e, assim, ampliar sua chance acumulada de sucesso.

Um médico experiente sabe quais pacientes estão suportando melhor o estresse e quais estão desmoronando pela dificuldade em lidar com a situação da infertilidade ou com o tempo de tratamento.

Além de contribuir para o bem-estar dos pacientes e ajudá-los a não desistir cedo demais, há outros motivos para a indicação do acompanhamento psicoterápico. Entre eles, o fato de que começa a surgir uma nova forma de investigação sobre o estresse e a implantação uterina. Um estudo recente mostra que pacientes muito estressadas apresentam menor taxa de sucesso no procedimento de implantação de embriões porque possuem uma secreção anômala de determinada celula imunológica. E o primeiro grande trabalho científico sobre o assunto. Talvez no futuro se conclua que um apoio psicológico prévio ao tratamento seja fundamental para mulheres que estejam emocionalmente esgotadas pelo sofrimento com a esterilidade.[22]

A prática diária no consultório também mostra que mulheres que partem para os procedimentos de FlV já desgastadas emocionalmente não costumam fazer mais do que uma tentativa. Não suportam a ideia de tentar de novo e acabam atribuindo a culpa ao médico, a equipe ou ao destino.

7

Os números da infertilidade

COM CAUSAS VARIADAS, algumas até sem explicação aparente, a infertilidade está presente nas estatísticas de todos os países. Os índices e métodos de pesquisas variam, mas há uma margem de incidência da infertilidade que vai de 8 a 15%.[23] Ou seja, de cada 100 casais em idade reprodutiva, oito a quinze podem ser inférteis. Os pesquisadores e profissionais que lidam com a reprodução humana trabalham com uma média de 10%.

As estimativas da Organização Mundial de Saúde indicam que de cada 100 casais, pelo menos vinte têm allgum grau de dificuldade de engravidar,[24] porém parte deles resolve espontaneamente o problema, realizando o sonho de embalar o filho no berço. As aparentes discrepâncias desses dados estatísticos estão relacionadas à população investigada durante o estudo. Se o foco da investigação for uma população com mais de 35 anos, os números de infertilidade sobem de uma maneira significativa. No entanto, apenas 5% batem na porta das clínicas de medicina reprodutiva em busca de ajuda especializada.

Em geral, os tratamentos de fertilização *in vitro* – o popular bebê de proveta –, que promovem o encontro entre óvulos e espermatozóides em laboratório, é a última esperança de quem já tentou de tudo para ter direito a trocar as fraldas de seu próprio bebê. Como mencionado, a chance de gravidez por tentativa varia em torno de 30% nesse método de reprodução assistida. Com o objetivo de melhorar essa taxa, começaram a surgir novas técnicas para melhorar as condições do embrião e também para facilitar seu desenvolvimento dentro do útero.

A tábua de vida

Há uma medição das chances de gravidez que se chama tábua de vida. Ela considera o fato de que, a cada ciclo, as chances naturais de um casal engravidar são de aproximadamente 17,5%.[25] Ou seja, mesmo sem nenhum problema de fertilidade, o casal pode ter relações e não conseguir a fecundação naquele mês, tentando novamente no mês seguinte. Para pensar nas chances de um casal, isoladamente, durante um determinado período de tentativas, os pesquisadores fazem um tipo de estudo por eliminação. De um grupo de 100 casais decididos a engravidar, 17 a 18 alcançam seu objetivo no primeiro mês (17,5%). No segundo mês, dos 82 ou 83 que continuam tentando, os 17,5% equivalem a apenas 14 ou 15 casais que obterão sucesso. Sobram então menos de 70 casais. Aplicando-se novamente os 17,5%, 11 ou 12 conseguem a fecundação no terceiro mês. No decorrer de um ano, a curva de sucesso pode chegar a 90%. Ou seja, 90 casais conseguem a desejada gravidez. Os outros 10% devem procurar ajuda.[26]

A tendência é que aumente o número de mulheres que recorre aos serviços de medicina reprodutiva nos próximos anos. Isso porque muitas mulheres estão preferindo ter filhos depois dos 35 anos, fase em que já consolidaram conquistas profissionais e pessoais. Ocorre que, nessa etapa da vida, já se nota a diminuição das taxas de fertilidade e da qualidade dos óvulos, o que reduz ainda mais as chances de engravidar. Para se ter uma ideia, a possibilidade de engravidar por métodos naturais oscila entre 20% e 25% em cada tentativa até os 30 anos de idade. Nos dez anos seguintes, as taxas de gravidez são de 10% a 15%. Após os 40 anos, giram em torno de 10%. Mas não é só. Nesse período, aumentam também as chances interrupção da gravidez, reduzindo a possibilidade de ter um bebê nos braços para 5%.[27]

Os fatores socioeconômicos

Essa tábua de vida que vai achatando com o tempo, é confirmada nas observações feitas em hospitais que atendem casos de infertilidade e nas pesquisas com casais voluntários. No entanto, dentro da média de 10% de casais inférteis, os principais motivos que impedem a gravidez desejada variam muito em função do grupo sócio-econômico ao qual o casal pertence.

Nos países mais desenvolvidos, observa-se que mais de 40% das causas de infertilidade feminina são a ovulação. Em segundo lugar, vem a endometriose e, em terceiro, os fatores obstrutivos, que correspondem a menos de 30%.[28]

Em países com maiores problemas sócio-econômicos e de saúde pública, as causas obstrutivas imperam. Concorrem para isso abortos feitos sem assistência adequada, infecções, laqueaduras e outras formas de esterilização. É o que se observei nos casos que chegavam ao Hospital Brigadeiro, instituição paulistana que até 2007 oferecia serviços públicos gratuitos de assistência reprodutiva, onde já foram registrados índices de até 65% de diagnósticos de infertilidade feminina por obstrução de trompa.

Nos consultórios particulares de reprodução assistida, os índices brasileiros são equivalentes aos do primeiro mundo. Os casos femininos com maior incidência são de endometriose e de Síndrome do Ovário Policístico, ambos associados a distúrbios hormonais.

Também é maior nos consultórios particulares, em relação aos serviços públicos, o índice de casos em que os fatores de infertilidade são masculinos. Isso não quer dizer que os homens das classes econômicas privilegiadas tenham mais problemas de infertilidade do que os mais pobres. Significa, isto sim, que os homens das camadas economicamente inferiores da população têm mais resistência a expor problemas desse tipo e a submeter-se a tratamentos.[29]

Algumas explicações concorrem para que os clientes particulares sejam um pouco mais presentes na busca de soluções para o casal, pelo menos na fase da investigação de problemas. Os padrões sexistas que impregnam a cultura e determinam papéis e comportamentos de gênero se expressam em todas as classes sociais, mas os homens de classe média ou alta pelo menos dispõem de mais recursos de informação e educação para identificar e reconhecer seus problemas. Também possuem recursos econômicos para buscar atendimento em lugares onde sua individualidade e privacidade sejam mais protegidas do que nos poucos hospitais públicos que atendem casos de infertilidade.

Além disso, os programas de esterilização e práticas de aborto sem assistência médica a que se submetem principalmente as mulheres das classes populares determinam que, entre as demandas registradas na rede pública, os maiores índices sejam de infertilidade por fatores obstrutivos femininos. Nesse universo, os fatores masculinos acabam por se diluir.

Parte II:

A Infertilidade Feminina

8

As causas não obstrutivas da infertilidade feminina

AS CAUSAS DA INFERTILIDADE FEMININA podem ser dividas em obstrutivas e não obstrutivas. As primeiras referem-se a casos de obstrução no sistema reprodutor feminino que impedem a passagem do óvulo ou dos espermatozóides. Já as causas não obstrutivas, tema deste capítulo, relacionam-se às demais situações. Problemas hormonais que impedem a produção de óvulos, tais como na síndrome de anovulação crônica – que pode estar ou não relacionada à Síndrome do Ovário Policístico –, são exemplos de causas não obstrutivas. A menopausa precoce é outro exemplo.

Como a maior parte das causas não obstrutivas da infertilidade relaciona-se a aspectos endocrinológicos do organismo, é importante que se tenha uma clara noção de como funciona o eixo sexual feminino.

O eixo sexual feminino

A reprodução no corpo feminino é monitorada por um delicado diálogo hormonal. O cérebro e os ovários mantêm um constante intercâmbio, enviando e recebendo mensagens de forma cíclica. A comunicação é feita por meio de hormônios produzidos no próprio cérebro e nos ovários, de acordo com as fases do ciclo menstrual. Essa conversa hormonal deve ocorrer sempre de forma equilibrada para possibilitar a ovulação e a preparação do útero para gravidez, da mesma forma que proporciona a menstruação, quando o óvulo não é fecundado.[1]

O eixo sexual feminino, nome dado ao circuito percorrido pelas mensagens hormonais relacionadas com a reprodução, é formado, basicamente, por três glândulas:

- O hipotálamo, localizado no cérebro, que envia mensagens para a hipófise por meio do GnRH (hormônio de liberação das gonadotropinas).
- A hipófise, também localizada no cérebro, próxima ao hipotálamo, que responde ao estímulo do GnRH e envia mensagens para os ovários por meio do FSH (hormônio folículo-estimulante) e do LH (hormônio luteinizante), que são chamados de gonadotropinas
- Os ovários, que são estimulados pela hipófise e enviam mensagens para o hipotálamo por meio do aumento ou da queda na produção de estradiol e progesterona.

DIÁRIO DE UM ESTERILEUTA 7:

Causas inusitadas

Cássia chegou ao consultório porque não conseguia ovular. Após alguns exames, constatei que ela apresentava índices elevados de prolactina, sendo essa a causa da ausência de ovulação.

Ao me aprofundar no diagnóstico para tentar descobrir a causa de sua disfunção hormonal, fui informado que ela havia se submetido a uma plástica de mama. Uma investigação mais minuciosa constatou que uma cicatriz resultante da cirurgia estava afetando o nervo intercostal, que se situa entre as costelas.

A cicatriz era o bastante para confundir o cerébro, que entendia que os estímulos que vinham do nervo eram os mesmos causados pela sucção de um bebê. Em resposta, o organismo produzia prolactina em quantidades elevadas. Encaminhei Cássia para um neurocirurgião, que realizou uma interrupção do funcionamento do nervo. Dois meses após a cirurgia, ela engravidou.

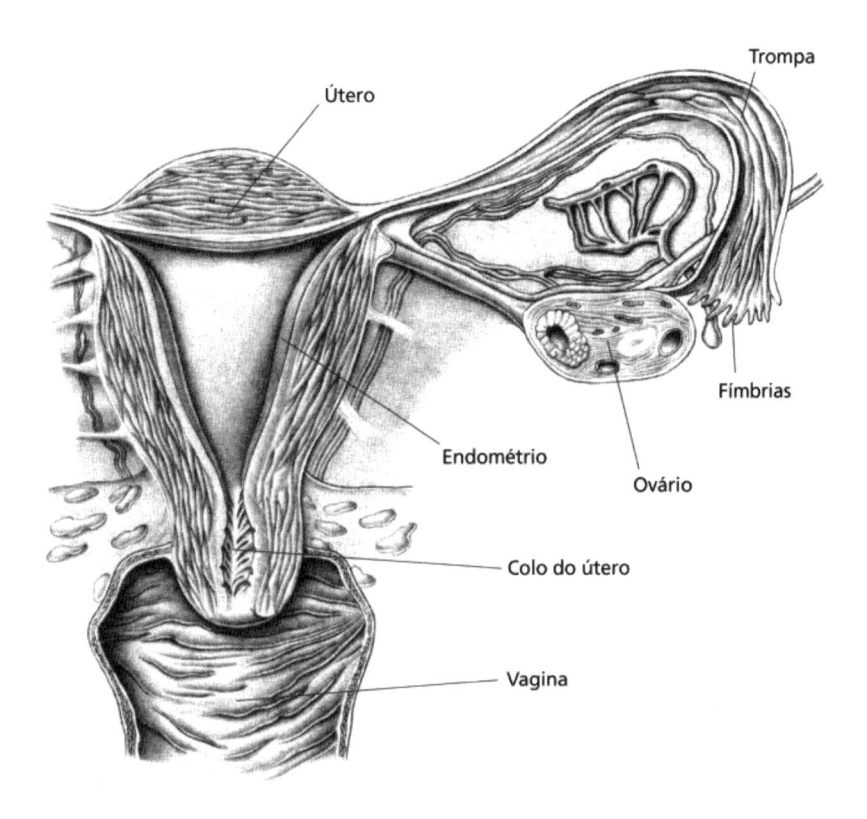

AS CAUSAS NÃO OBSTRUTIVAS DA INFERTILIDADE FEMININA   79

O aparelho reprodutor feminino

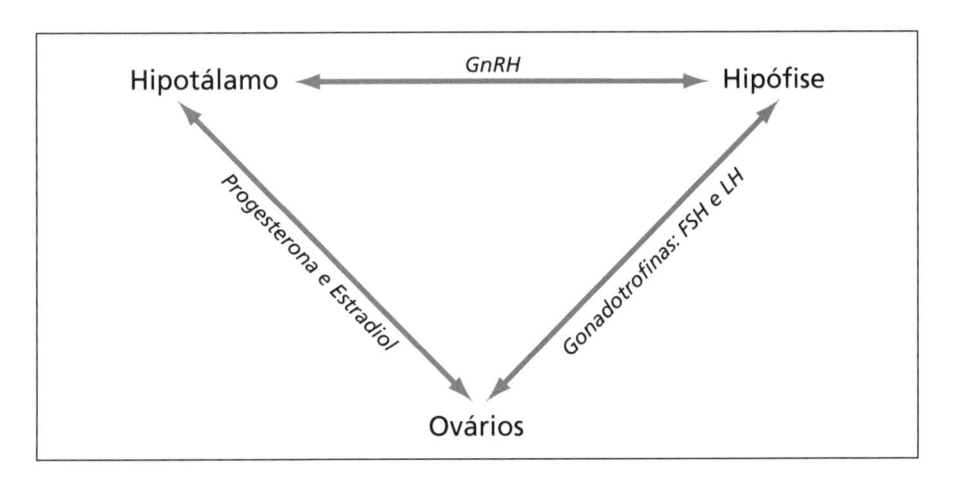

Diagrama do eixo sexual feminino

O envio de mensagens hormonais entre as glândulas não é estável durante o ciclo. Primeiro entra em ação o FSH, que dá ordens para ovário iniciar sua produção. Como consequência, o ovário aumenta a produção de estradiol, avisando o cérebro quando o folículo estiver pronto para liberar o óvulo e provocando uma descarga de FSH e LH por parte da hipófise. Após esse ápice, que desencadeia a saída do óvulo, a produção dos hormônios da primeira fase do ciclo menstrual diminui e o corpo lúteo – complexo celular que restou no folículo – começa a produzir progesterona. Vital para manter a gravidez, a progesterona dará as condições para que o embrião se implante no útero e mantenha seu desenvolvimento. É esse hormônio que vai alimentar a camada de endométrio, tornando-a receptiva para o futuro bebê.

Quando o ovário não produz

Desequilíbrios hormonais femininos detectados durante os exames para observação do ciclo podem apontar a ausência de ovulação. A causa para a não produção de óvulos pode ser a ausência de alguns dos hormônios responsáveis pela comunicação entre o cérebro e os ovários. Se houver problemas na hipófise, os hormônios podem não chegar a seu destino. Se a deficiência estiver no hipotálamo, ele também não emitirá os sinais para que a hipófise envie seus hormônios. Nesses casos, o ovário pode não ter problema algum. Esse quadro constitui o de distúrbio de ovulação que os médicos chamam de hipogonadismo do tipo hipogonadotrópico. Em bom português, isto significa que o ovário está bem mas não recebe estímulos hormonais para produzir.

O eixo de comunicação hormonal entre hipotálamo, hipófise e ovários também é suscetível à interferência de algumas substâncias em particular. Algumas são produzidas pelo organismo naturalmente, mas, em quantidade exagerada, podem prejudicar o ciclo hormonal feminino e inibir a ovulação. Uma dessas substâncias é a prolactina que, como o nome sugere, é o hormônio que aciona a produção do leite materno pelas glândulas mamárias. A prolactina é produzida a partir de estímulos recebidos pela hipófise, como aqueles provocados pela sucção dos mamilos na amamentação.[2] No entanto, a presença da prolactina não se restringe ao período de lactação. Em níveis menores, sua produção é constante no organismo feminino e, por diversos fatores, pode se elevar fora do período de amamentação.[3]

A prolactina tem relação direta com o crescimento do óvulo. Em níveis um pouco elevados, pode inibir o desenvolvimento do folículo, provocar a formação de um óvulo imaturo ou impedir que o óvulo receba a nutrição de hormônios que é necessária para desenvolvimento do embrião. Em níveis mais elevados, a prolactina pode simplesmente suspender a ovulação, tanto que muitas mulheres nem menstruam enquanto amamentam.[4] Portanto, mulheres com alta prolactina devem procurar tratamento médico para regularizar a produção do hormônio, além de evitar a manipulação exagerada do bico do seio, mesmo durante o banho.

O processo de ovulação ainda pode sofrer desequilíbrios em razão da presença anormal do DHEA (dehidroepiandrosterona)[5] como consequência de uma atividade irregular da glândula supra-renal. Com um quinto da força do hormônio masculino, testosterona, o DHEA interfere diretamente na secreção dos hormônios LH e FSH, que são os estimuladores da ovulação. Quando a presença de LH torna-se permanentemente alta, o óvulo é prejudicado. Nesse caso, a mulher pode ovular fora de hora ou de maneira insatisfatória, ou ainda deixar de ovular.[6]

Há ainda um outro tipo de disfunção ovariana. É chamada pela medicina de hipogonadismo hipergonadotrópico. Traduzindo, significa que os hormônios que estimulam as gônadas estão altos o tempo todo, mas elas não respondem. É o que acontece quando a mulher está na menopausa: os ovários já encerraram sua atividade e tornam-se indiferentes aos sinais da hipófise. Já o cérebro não cansa de enviar mensagens, pois o ovário improdutivo deixa de produzir o estradiol, hormônio responsável por avisar o hipotálamo para suprimir a liberação de GnRH. Quando a interrupção é definitiva, o cérebro não entende que o ovário faliu e continuará solicitando a produção do estrógeno, banhando o corpo da mulher com gonadotrofinas pelo resto de sua vida. O mesmo ocorre quando os ovários são extraídos ou atingidos por doenças – geralmente de origem genética – que impedem suas atividades normais.[7]

A menopausa precoce

Em mulheres jovens, um baixo índice de estradiol associado a um quadro de FSH e LH permanentemente altos indica uma menopausa precoce. Nada mais é do que o já citado quadro de hipogonadismo hipergonadotrópico. O cérebro envia as gonadotrofinas para estimular os ovários e não há resposta, pois as atividades ovarianas cessaram. Causa de infertilidade feminina não muito rara, a menopausa precoce não tem de ser tratada como doença, embora seja passível de reposições hormonais para eliminar carências endócrinas e sintomas comuns à menopausa.

A causa mais frequente de menopausa precoce é de origem genética, entretanto alguns outros fatores podem interferir no desgaste mais precoce do ovário, tais como o hábito de fumar e o aumento relativo de peso.[8] O tratamento reprodutivo em casos de menopausa precoce é feito por meio da ovodoação.

A Síndrome do Ovário Policístico

A mais comum entre as doenças das gônadas femininas é a Síndrome do Ovário Policístico (SOP). Descrita pela primeira vez em 1935 por Stein & Leventhal,[9] essa doença vem até hoje sendo um enigma em muitos aspectos bioquímicos e metabólicos. O nome já diz: há uma concentração de pequenos cistos nos ovários, cuja presença interfere no eixo dos hormônios sexuais. Os cistos são folículos que deveriam ter liberado o óvulo e transformado-se em corpos lúteos geradores de progesterona. No entanto, se o óvulo não amadureceu por algum problema hormonal, o folículo se cristaliza e começa a liberar a testosterona, um hormônio masculino. O eixo sexual então ressente-se da interferência hormonal e perde o equilíbrio.[10]

A SOP pode trazer sérias irregularidades menstruais. A forma como se manifesta pode ser um pequeno desvio na descarga do hormônio que aciona a liberação do óvulo, impedindo, assim, que ela ocorra. Se a descarga acontece antes da hora, os folículos que guardam os óvulos que ainda não estão prontos para se abrir e acabam por cristalizar-se. Se por algum problema mais grave a descarga não acontece, os folículos continuam crescendo, de forma exagerada, até perderem sua função e se atrofiarem. Em ambos os casos, eles se transformam em cistos geradores de hormônios masculinos. Se o eixo não for regularizado, novos cistos poderão surgir a cada ciclo. Sem liberar seus óvulos, a portadora de SOP é uma provável candidata a um tratamento de infertilidade caso queira engravidar.[11]

DIÁRIO DO ESTERILEUTA 8:

Tudo acontece comigo

"Já não sei o que me deixa mais triste, doutor!", desabafou Patrícia ao informar que estava perto dos 70 quilos, um exagero para sua altura de 1,66 m.

"Não há dieta que me faça voltar ao peso de cinco anos atrás, quando tinha orgulho do minha forma física. Hoje, tudo acontece comigo. Espinhas de adolescente, quando já estou perto dos trinta, é um vexame, não acha? Além disso, começaram a surgir pelinhos no rosto e pelo corpo. Quando me penteio, a escova fica cheia de fios de cabelo e não há xampu anti-queda que resolva. Preocupo-me também essa dor na mama que eu não sei de onde vem. Para completar tudo isso, não consigo engravidar. Não sei que tratamento ou que profissional procuro primeiro: nutricionista, dermatologista ou esteticista? A idade me fez deixar tudo isso para depois, e tentar logo um tratamento para a gravidez."

Patrícia estava certa em começar por aí. E teria também uma explicação para tudo aquilo que estava pensando em deixar para depois. Cada uma de suas queixas remetiam a um mesmo problema: seu caso era uma Síndrome do Ovário Policístico.

O diagnóstico de Síndrome do Ovário Policístico é obtido por meio de ultra-som, que mostra vários pontinhos sobre a superfície dos ovários, e por meio de dosagens hormonais que indica irregularidades no ciclo menstrual. As alterações podem gerar tanto um aumento do fluxo, na forma de hemorragias, como a ausência de menstruação, conhecida por amenorreia.[12]

Embora atinja muitas mulheres, a SOP faz cada uma sentir-se "a sorteada" pelo destino, devido à multiplicidade de sintomas relacionados a mudanças estéticas. Aumento de peso, celulite, espinhas e queda de cabelo são alguns desses sintomas que se explicam pela grande presença de testosterona no organismo. Já o crescimento e as dores nas mamas indicam que a prolactina também deve estar elevada.[13]

Geralmente a SOP aparece em mulheres jovens e tem bastante frequência em adolescentes obesas. A causa, para essas meninas, é o próprio acúmulo de gordura que forma uma camada propícia para transformar hormônio feminino em hormônio masculino. Devido à quantidade anormal no corpo da mulher, o hormônio masculino torna-se um agente inoportuno, afetando o desempenho das glândulas que comandam os ovários.

Atualmente, a teoria mais aceita para essa disfunção endócrina é de resistência periférica de insulina, hormônio fabricado pelo pâncreas para controle da glicose. Essa alteração na resposta de insulina provoca vários sintomas, entre ele a disfunção ovulatória.

A obesidade é uma causa coadjuvante da Síndrome do Ovário Policístico. Existem muitas outras, entre elas o estresse agudo, como o provocado por uma perda ou separação. Em todos os casos, no entanto, é necessário haver predisposição genética para desenvolver a doença.[14] Mulheres com ciclo menstrual irregular, no entanto, não precisam necessariamente apresentar um quadro de estresse agudo para desenvolver a SOP. Basta que existam falhas no eixo que façam a descarga hormonal da ovulação acontecer na hora errada. Prolactina muito alta – que também pode decorrer de estresse ou do excesso de estrogênio produzido pelos folículos – é mais um distúrbio que atrapalha o ciclo feminino podendo dar início à doença

É importante observarmos que a SOP é cíclica. Como já dissemos, uma vez cristalizados, os cistos começam a produzir testosterona. Em ação, esse mesmo hormônio fará com que o eixo sexual falhe na hora da descarga hormonal. Os novos folículos que o ovário produzirá no mês seguinte se transformarão em novos cistos, aumentando os sintomas e mantendo o ciclo disfuncional.[15]

Convém observar que são muitos os casos de mulheres erroneamente diagnosticadas como tendo Síndrome do Ovário Policístico após exames ultra-sonográficos. A presença de cistos no ovários pode ter outras explicações. O próprio folículo aparece como um cisto no ultra-som quando está amadurecendo para a ovulação. Além disso, depois da ovulação, resquícios de folículos que ainda não foram reabsorvidos pelo organismo têm a aparência de cistos, o que pode induzir a erros de diagnóstico. Há ainda os cistos de endometriose, que resultam de partículas do endométrio que deixam o útero e se agarram ao ovário.[16]

Outro possível erro de diagnóstico da Síndrome do Ovário Policístico resulta do fato de que, em alguns casos ou fases, não há a presença de cistos nos ovários, apesar da doença existir. Para confirmar uma SOP é necessário que se faça um perfil hormonal, com dosagens em determinados dias do ciclo. Por se tratar de uma doença endócrina, a SOP produz alterações hormonais perceptíveis. Se as dosagens hormonais durante o ciclo estiverem regulares, muito provavelmente a hipótese da doença pode ser afastada.[17]

9

As causas obstrutivas da infertilidade feminina

NO CAPÍTULO ANTERIOR abordamos as causas não obstrutivas da infertilidade feminina. Neste capítulo, destacaremos as causas obstrutivas, ou seja, doenças e falhas que impedem a livre circulação dos gametas. A endometriose é uma das principais causas obstrutivas da infertilidade na mulher.

A endometriose

Mulheres com muitos filhos, como era bastante comum nas gerações passadas, têm um número menor de ciclos menstruais durante sua vida reprodutiva devido ao grande número de gestações. Isso, em boa medida, explica porque a endometriose é considerada uma doença da modernidade, já que está relacionada ao grande número de ciclos menstruais da mulher moderna. Além disso, ainda que nossas avós apresentassem a doença, sua eliminação era favorecida pelos hormônios da gravidez. Um banho de progesterona, decorrente da gestação ou amamentação, podia simplesmente secar eventuais focos iniciais de endometriose.[18]

Com a emancipação feminina e o advento da pílula, os tempos mudaram. A liberdade de se relacionar sexualmente sem o risco de engravidar e a entrada da mulher no mercado de trabalho contribuíram para diminuir a quantidade de filhos. Hoje, a primeira gravidez pode ser postergada e uma segunda ou terceira podem até ser descartadas. Assim, as mulheres de hoje têm mais ciclos menstruais em sua vida reprodutiva e, também, mais chances de desenvolver uma endometriose.[19]

DIÁRIO DE UM ESTERILEUTA 9:

A doença da mulher moderna

A endometriose não era novidade na casa de Ana Paula. Sua irmã mais nova, Mariana, descobriu que a doença, em estágio inicial, já estava atrapalhando seu projeto de engravidar, mas resolveu o problema sem muito sofrimento. Tomou alguns remédios e fez uma inseminação: espermatozóides tratados em laboratório foram colocados diretamente dentro de seu útero e, naturalmente, fecundaram o óvulo. Um ano depois do nascimento do primeiro filho foi surpreendida com uma segunda gravidez: a endometriose havia desaparecido!

Ana Paula adiou a gravidez por mais tempo do que a irmã e, agora, que estava disposta a encarar a maternidade, via-se com dúvidas quanto a sua fertilidade. Chegou a tomar indutores de ovulação indicados por um ginecologista geral, mas não obteve sucesso. Quando soube, já em meu consultório, que tinha endometriose, não ficou muito assustada. Afinal, tinha sido tão simples com sua irmã! Mas quando pediu que eu mostrasse a imagem de seu útero no vídeo da laparoscopia, levou um choque, de verdade: "Doutor, isto é câncer?"

A endometriose se apresenta de várias formas, conforme seu estágio e, no caso de Ana Paula, já estava bem avançada. No entanto, não era um câncer, mas um verdadeiro impedimento para uma gravidez natural, que, felizmente, a medicina dispunha de recursos para superar. A solução seria fazer uma fertilização do óvulo em laboratório – uma fertilização *in vitro* (FIV) – e transferir o embrião para dentro da cavidade uterina.

Ana Paula ouviu toda a explicação que precisava, mas só acreditou no que os olhos viam. Insistia em falar de seu medo de algum tipo de doença incurável. Foi preciso dar um pouco mais de tempo para que percebesse a real dimensão de seu problema. Por mais avançado que estivesse, era um caso de aderências frouxas, como são chamadas a ligações que se fazem pela endometriose quando não chegam a impedir a elasticidade do útero, fundamental na gravidez.

Por três meses, Ana tomou análogos de GnRH para aumentar as chances de sucesso na primeira tentativa. Nesse período, procurou aliviar a ansiedade concentrando-se mais em seu trabalho de gerente de marketing em uma empresa e deixando um pouco de lado os programas esportivos e de lazer que gostava de organizar com Marcelo, seu marido, e as duas filhas quase adolescentes do primeiro casamento dele.

Marcelo via a infertilidade como um problema de Ana. Estava disposto a "lhe dar" um filho, mas sem o mesmo empenho porque, como sempre argumentava, já tinha a experiência da paternidade. Essa situação de desejos desiguais foi produzindo, para Ana, uma sensação de isolamento e abandono. Quando se deparou com a imagem de sua endometriose, teve medo de se ver, sozinha, com uma frustração "incurável" de nunca ser mãe.

Felizmente, Ana encontrou a cura para seu problema. Conseguiu sua gravidez com ajuda da FIV, viu sua endometriose diminuir um pouco sob ação dos hormônios da gestação e teve um bebê lindo e saudável, que roubou as atenções do pai.

"Hoje Marcelo é quem me agradece por ter sido persistente...", Ana me confidenciou. A doença ainda está lá, já que é favorecida por disfunções imunológicas ainda desconhecidas, mas já não lhe parece tão assustadora. Depois de conhecer mais detalhes sobre seu problema, Ana costuma dizer com bom humor: "eu tenho uma doença de mulher moderna." Em certa medida, é verdade.

A endometriose se desenvolve quando o organismo feminino não consegue reabsorver a chamada menstruação retrógrada. O endométrio, tecido que reveste a parte interna do útero, descama naturalmente durante a menstruação, sendo eliminado na forma de sangue pelo canal vaginal. Muitas mulheres, no entanto, são portadoras de uma disfunção que faz partes desse tecido migrar pelas trompas e atingir a cavidade abdominal. Acredita-se que a causa desse desvio esteja relacionada com as pressões no interior do útero. Se a pressão aumenta no colo do útero e está menor nas trompas, o sangue com fragmentos de tecido endometrial tende a se redirecionado para as trompas, caindo na cavidade abdominal. Nos casos em que essas células do endométrio não forem reabsorvidas por ação do sistema imunológico, ocorre a formação de depósitos de células endometriais na região pélvica, em volta da bexiga ou ainda nas paredes que revestem o reto e em outras áreas do corpo. Dessa forma, a doença se instala.[20] Embora bastante raros, há casos registrados de pontos de endometriose na região do umbigo e até na gengiva.[21]

Sensíveis à ação hormonal, esses tecidos endometriais fixados pelo corpo sofrem o mesmo processo de transformação da membrana que reveste o útero e que resulta na menstruação. Além disso, sempre que ocorre a menstruação, há novo sangramento no interior da barriga, e a doença evolui.

A endometriose não se encaixa entre as doenças endócrinas, fruto de desequilíbrios hormonais, já que se origina de uma disfunção imunológica. No entanto, para efeito de tratamento devem ser considerados os fatores hormonais. É uma doença curável, dependendo do grau de evolução e o sintoma mais frequente é cólica. Não há relação entre a intensidade da dor e o grau de desenvolvimento da doença, mas sim entre intensidade e localização. Mesmo em pequenas proporções, o implante externo do endométrio pode se aderir a terminações nervosas do útero, da bexiga, ou sobre o reto. As sensações dolorosas vão de simples incômodos, quando a área de implante é de menor sensibilidade, a dores durante as relações sexuais. Às vezes a dor é tanta que a pessoa tem dificuldade de sentar-se durante a menstruação. Como a doença evolui para um quadro de infertilidade, a dor tem ainda componentes psicológicos para a mulher que deseja engravidar, podendo ser potencializada por causa disso.[22]

A predisposição genética

Não é exclusivamente a vida feminina moderna que determina a endometriose. A doença só atinge mulheres com predisposição genética a desenvolvê-la.

Irmãs de mulheres com endometriose têm estatisticamente até sete vezes mais chances de desenvolver a doença.[23]

Embora a menstruação retrógrada seja outro determinante para a endometriose, hoje acredita-se que ela aconteça com todas as mulheres. Essa probabilidade foi inferida a partir de observação do abdômen feminino durante cirurgias que coincidiram com o período menstrual. Um estudo feito com um grupo de mulheres que se submeteram a laqueadura durante a menstruação constatou-se que 90% apresentavam sangue menstrual na cavidade abdominal.[24] No caso dessas mulheres, porém, o sistema imunológico em bom funcionamento impedia que os restos de endométrio se implantassem. Cerca de 50% das mulheres que se queixam de cólicas menstruais têm algum tipo de endometriose, e 30% a 40% das pacientes com indícios de esterilidade que fazem laparoscopia apresentam a doença.

A endometriose e a infertilidade

Nos estágios iniciais, quando ainda não há aderência entre os órgãos provocada pela expansão do endométrio, a esterilidade já pode acontecer em razão das reações imunológicas do organismo. Existe um líquido secretado pelo peritônio (camada interna que reveste o abdome) e chamado de líquido peritonial que, nos casos de endometriose, apresenta um aumento de glóbulos brancos que o organismo produz para tentar defender-se da doença. O resultado é uma esterilidade imunológica. Quando o espermatozóide chega ao útero, não consegue transitar normalmente, porque é barrado pelos glóbulos brancos.[25]

Também na fase inicial da doença, podem surgir focos microscópicos de tecido endometriótico dentro dos ovários, que sequer aparecem na laparoscopia. Não é nenhum tumor, mas as minúsculas substâncias conseguem prejudicar o processo de ovulação, provocando reações imunológicas que atrapalham a recepção dos hormônios que estimulam os ovários. O folículo que contém o óvulo cresce irregularmente e, mesmo que ocorra a ovulação, ela é seguida de insuficiência do corpo lúteo, que não produz a progesterona necessária para que o útero segure o embrião.[26]

Quando a endometriose evolui, as consequências são mais graves. É frequente a aderência das trompas aos ovários, o que desencadeia a degeneração dos tecidos. A primeira parte afetada são as fímbrias da trompa, que têm o papel crucial na reprodução humana de receber os óvulos e direcioná-los a caminho do útero.[27] Os ovários são danificados com o surgimento de focos sanguíneos – chamados cistos de chocolate – que podem aumentar à medida que a doença evolui. As aderências também são progressivas – ligando os ovários ao intestino, por exemplo – e acabam comprometendo a integridade anatômica dos órgãos reprodutivos femininos.[28]

Distúrbios que impedem a passagem do espermatozóide

A primeira barreira à passagem do espermatozóide pelo corpo da mulher pode estar bem na entrada do útero, no chamado colo. Em situações saudáveis, a quantidade e a hidratação do muco cervical da região do colo começam a elevar-se quando se aproxima a ovulação. Em seguida, aumenta a viscosidade e o muco ganha a consistência de uma clara de ovo com 98% de água em sua composição.[29] No entanto, uma queda na presença do hormônio estradiol inibem a produção e todas as mudanças fisicoquímicas pelas quais o muco tem que passar até ganhar as características que permitam a passagem do espermatozóide. Quando a falta de qualidade do muco não é provocada por fatores hormonais, é bem provável que existam infecções precisando de tratamento.

Além de problemas na quantidade e na qualidade do muco, o espermatozóide pode ter sua passagem impedida por problemas do colo resultantes de doenças ou cirurgias, ou ainda por aderências, quando um tecido se cola a outro em uma reação provocada por processos infecciosos e cauterizações.[30]

Miomas

Pólipos ou miomas são tumores uterinos que, dependendo do tamanho e região onde se encontram, bloqueiam a passagem do espermatozóide após a travessia pelo muco cervical e, de forma ainda mais grave, impedem a manutenção do feto dentro do útero. O útero vazio pesa no máximo 150 gramas e mede aproximadamente 7 x 4 x 3 cm. Por isso, os miomas o deformam por dentro ou por fora com facilidade, alterando seu tamanho. Os miomas são detectados através de exames radiológicos ou endoscópicos e podem ser retirados com relativa facilidade quando a mulher não está grávida.

Por ser hormônio-dependente, o mioma é um tumor que se alimenta dos mesmos hormônios que a mãe produz em grandes quantidades para manter e desenvolver o bebê durante a gravidez. Ele pode crescer desordenadamente durante a gestação, não deixando espaço para o crescimento do bebê. Nesse caso, a gravidez acontece, desenvolve-se até um ponto, mas pode não conseguir avançar.

Geralmente, as complicações do mioma são ou um abortamento tardio, que acontece frequentemente após a 12ª ou 13ª semana de gestação, ou um parto prematuro: o tumor pressiona tanto o bebê que ela nasce antes da hora. A preocupação com um possível nascimento prematuro já começa no início do quarto mês, com 16 ou 17 semanas de gravidez, e se estende até a 32ª ou 33ª semana, pois a prematuridade pode trazer sérias complicações ao bebê.[31]

Para entendermos as particularidades do mioma, é importante que conheçamos um pouco da anatomia do útero. A parede uterina é formada por três camadas. A mais interna, que se transforma após a ovulação para acolher e sustentar o embrião, é o endométrio. A parte mediana é um músculo chamado miométrio. Na parte exterior, protegendo o órgão, está o perimétrio.

Uma tumoração na parede uterina pode ficar inteiramente contida pelo miométrio, mas aumentar de volume deformando o órgão. Pode também projetar-se para o lado de fora ou para a cavidade interna. Miomas assim são chamados de pedunculares. Seu pedúnculo (ou raiz) está em uma das paredes, mas seu volume avança para um dos lados.

Características como estas são examinadas quando se decide que atitude tomar em relação ao mioma. Afinal, às vezes é possível tratá-lo clinicamente, enquanto outros casos exigem a remoção cirúrgica. Também pode-se optar em deixar o mioma como está, caso não ameace a continuidade de uma gravidez ou a saúde da mulher.

Além do tamanho e tipo de expansão, é importante observar se o tumor está muito próximo a uma das trompas. É um fator que pode obstruir o trânsito do espermatozóide ou mesmo contra-indicar a remoção do tumor. É muito comum o aparecimento de aderências pós- operatórias em cirurgias para retirada de mioma. Quando ocorre algum tipo de aderência nas trompas, decorrente de cirurgia uterina, as chances que a mulher tem de engravidar diminuem em 50%.³²

Sinéquia

Diferente do mioma, a sinéquia é uma aderência que pode ser causada por infecções, geralmente após um aborto ou curetagem. As paredes uterinas se grudam em alguns pontos ou em uma grande área. O diagnóstico é feito por radiografia. A sinéquia leve é aquela que compromete até 25% das paredes. Entre isto e pouco mais de 70% ela é considerada média. Acima desse patamar, o caso é grave.

Mesmo com todos os procedimentos cirúrgicos que existem hoje, o endométrio na área em que houve a sinéquia pode não se recompor devidamente. Se a extensão comprometida for grande, maiores são as chances de um aborto no futuro ou um parto prematuro.³³

Obstruções e lesões na trompa

Infecções que aparecem dentro do útero, ou mesmo no colo uterino, podem desdobrar-se em fatores obstrutivos para a trompa. As infecções são sempre ascendentes. Uma vez dentro do útero, sua evolução é para o alto. Até um tubo usado em exames ou cirurgias, que tenha sido introduzido no útero e deixado que bactérias transitassem para seu interior, pode desencadear um histórico de trompa entupida.

As bactérias fazem todo tipo de estragos quando alcançam as trompas. São elas as causas mais frequentes de obstruções. No entanto, há também outras causas, representadas por procedimentos deliberados de esterilização, especialmente entre as mulheres do Nordeste brasileiro. Um desses procedimentos é a introdução de substâncias cáusticas para que a mulher não engravide mais, também chamado de "curativo". Outro exemplo mais corriqueiro de esterilização é a laqueadura, uma amarração feita na trompa uterina.

A fímbria da trompa é a extremidade responsável por receber o óvulo no início de sua caminhada ao interior do útero. Quando essa parte é lesionada, formam-se aderências capazes de fechar a trompa. Como há líquidos em seu interior, que não conseguem mais sair pelo lado externo, a trompa incha e fica com a aparência de uma salsicha. De tempos em tempos, os líquidos acumulados podem até escapar pelo interior do útero e sair pela vagina, mas a essa altura a dilatação já causou estragos irreversíveis.

Tais estragos relacionam-se principalmente ao epitélio ciliar, parede interna da trompa que forma um túnel para a passagem do espermatozóide. Esse órgão possui milhões de cílios que levam os gametas masculinos e femininos a se encontrarem e que, mais tarde, encarregam-se de levar o ovo até o útero. Em casos de obstrução das trompas, mesmo que a ligação seja reconstituída por cirurgia, eliminando-se as aderências, o epitélio não poderá ser restaurado. Com o inchaço provocado pelos líquidos, ele fica careca e os cílios não crescem mais.[34]

Há casos de aderências externas da trompa que não chegam a danificá-la ou fechá-la totalmente, mas ainda assim impedem a chegada do óvulo. Um pedaço da trompa, por exemplo, pode encostar e grudar no ovário ou em outro órgão, perdendo seus movimentos naturais e dificultando a captação do gameta feminino.[35]

Se não há fímbrias para receber o óvulo, nem cílios para a fecundação, nem remédios que os façam crescer de novo, a trompa perde suas funções e pode necessitar ser removida. Nesses casos, quando o acúmulo de líquido dentro do tubo é grande, é importante retirá-lo para tratamento de FIV. É um cuidado que se toma ao fazer uma fertilização *in vitro*. Ao transferir o embrião para o útero, os líquidos da trompa lesionada podem contaminar o embrião e a fertilização se perde.[36]

10

Os exames femininos

A INVESTIGAÇÃO DAS CONDIÇÕES reprodutivas de um casal exige uma bateria inicial de exames básicos, que incluem dosagens hormonais e radiografia para a mulher e espermograma para o homem. A dosagem hormonal é feita com uma simples amostra de sangue. Costuma-se dosar o FSH, o LH, o estradiol e a prolactina na primeira fase do ciclo menstrual, enquanto a progesterona é medida na segunda fase.

Nos casos em que os índices obtidos estão dentro dos padrões normais, é possível considerar que a mulher ovula e que, além disso, reúne as condições hormonais necessárias para sustentar a primeira fase da gestação. A esta altura, o médico contará também com o resultado do espermograma e poderá pedir outros tipos de exames ao homem ou à mulher, assim como considerar a necessidade de se realizar novas checagens hormonais.

O objetivo deste capítulo é apresentar quais são e como são feitos os principais exames na mulher, explicando sua necessidade e resultados.

Informação e medo

Para mulheres que são ao mesmo tempo corajosas diante da vida e tão relutantes frente a exames relativamente simples e bastante seguros – apesar do contexto cirúrgico –, e temem submeter-se às etapas médicas de investigação, é importante deixar claro que atualmente os anestésicos e medicamentos sedantes não têm o mesmo efeito avassalador das substâncias que eram usadas antigamente. Os riscos associados a uma anestesia baixam praticamente a zero quando o procedimento é feito por um bom profissional e monitorado com

DIÁRIO DE UM ESTERILEUTA 10:

Medo de anestesia

Em comum, Giovanna e Hamilton cultivavam uma forma metódica de levar a vida. Dedicados ao trabalho e extremamente perfeccionistas, tinham se organizado desde a época do casamento para cumprir determinadas etapas profissionais antes de ter filhos. Mas quando chegou a hora de aumentar a família, com tudo planejado, o cronograma não funcionou. Foram três anos sem uso de métodos anticonceptivos. Quando buscaram ajuda médica especializada, ele estava com 37 anos, já com uma carreira consolidada como gerente administrativo de um laboratório farmacêutico. Ela, arquiteta, no comando de um escritório de projetos de interiores, estava completando 32 anos. Mesmo sendo uma mulher corajosa, determinada e dona de sua vida, Giovanna tinha um enorme medo de anestesia.

Uma leve endometriose era o que atrapalhava os sonhos de Giovanna e Hamilton. Mas até então, a causa da infertilidade estava escondida porque Giovanna relutava em fazer uma laparoscopia. Toda a bateria de exames iniciais fora cumprida. Hamilton fez um espermograma que apresentou excelentes resultados. Giovanna passou por medições hormonais e fez uma histerossalpingografia. Estava tudo em ordem. Em casos assim, o próximo passo é uma observação laparoscópica do interior do abdômen, para checar aderências externas. No entanto, ela não queria saber de anestésicos, indispensáveis para esse exame. Acreditava que poderia dormir e não acordar mais. Achava insuportável a ideia de que ficaria inconsciente e sem controle do que estaria sendo feito com seu corpo.

Na infância, Giovanna havia passado por uma situação bem difícil, quando precisou de uma cirurgia para a retirada de adenóides e sofreu muito na volta da anestesia. A lembrança desse sofrimento continuava a aterrorizá-la. Não fosse isso, já teria encontrado a resposta – e tratamento – para sua infertilidade.

Aos poucos, e perguntando muito, Giovanna foi criando coragem para enfrentar seus medos e pudemos realizar a laparoscopia. Na sala cirúrgica, o anestesista da equipe mostrou a ela cada aparelho que iria monitorá-la durante o período anestésico. Sua ansiedade foi diminua na medida em que certificava-se de que tudo o que eu já havia descrito era exatamente o que ela estava vendo.

A laparoscopia livrou Giovanna de um suposto quadro de "infertilidade sem causa aparente". Ela não tinha sintomas comuns de endometriose como desconfortos menstruais e dores durante as relações sexuais. No entanto, o exame revelou que a doença estava lá, o que bastava para impedir sua gravidez. Após três meses com medicamentos para bloquear seu ciclo menstrual, Giovanna iniciou as tentativas para engravidar naturalmente. Seis meses depois, estava grávida de Natália.

---

recursos tecnológicos adequados. Passar por momentos em que não se tem o controle da situação faz parte do cotidiano das pessoas. Todos viajamos de avião ou de ônibus e nem por isso temos medo de embarcar. Estatisticamente, o risco de se sofrer um acidente de trânsito na ida ao hospital é maior do que um acidente anestésico ou cirúrgico.

Isto não quer dizer que a mulher não precisa se informar e conhecer os exames que irá fazer. Pelo contrário, a informação é um direito de quem vai passar pela investigação médica, não importa se é uma simples dosagem sanguínea ou uma histerossalpingografia – afinal, quem se anima a fazer um exame com um nome destes? Perguntar e obter respostas, assim como não deixar de expor nenhuma dúvida sobre a função e a forma como será feito cada teste, são atitudes que deixam qualquer paciente mais seguro.

Exames endocrinológicos

No capítulo 8, abordamos a importância dos hormônios no eixo sexual da mulher e, consequentemente, nos processos de reprodução humana. Portanto, as dosagens hormonais, feitas a partir de uma simples amostra de sangue, estão entre os primeiros exames pedidos por um esterileuta.

Nem sempre uma única dosagem de hormônios é suficiente para chegar a um diagnóstico final sobre o processo de ovulação. Como a produção dos diversos hormônios é cíclica, a presença de cada hormônio é menor em uma fase e maior em outra.

Para cercar-se de cuidados, alguns médicos pedem as várias dosagens em diversos dias e procuram comparar os resultados com os valores de referência de uma tabela de normalidade. No entanto, a própria tabela costuma ser muito elástica. Além disso, o resultado das dosagens pode ser influenciado pelas condições em que os exames foram feitos e especialmente pelo estresse da paciente. O ideal é que, a qualquer sinal de anormalidade na presença de um dos hormônios, novas medições sejam feitas levando-se em consideração as fases do ciclo e as circunstâncias que podem ter interferido nos primeiros resultados.

A dosagem do estradiol

Um dos exames endocrinológicos a ser realizado na investigação da infertilidade é a dosagem do estradiol, estrógeno que reflete a produção e o crescimento dos folículos. Se, na primeira fase do ciclo, a presença desse hormônio não aumenta gradativamente, duas possibilidades são consideradas pelo médico: ou o ovário está improdutivo ou a hipófise não está enviando estímulos para que ele funcione. Nesse segundo caso, o problema pode estar também no hipotálamo que, por algum motivo, não consegue enviar estímulos para a hipófise. A dosagem do estradiol é um exame importante que leva a uma investigação das glândulas do eixo sexual sempre que aponta resultados irregulares.

A dosagem do FSH e do LH

Os hormônios FSH e o LH indicam se o hipotálamo e a hipófise estão em atividade normal no processo reprodutivo, estimulando o trabalho dos ovários. A interpretação dos resultados é delicada. Esses hormônios são à base de proteínas que apresentam pulsatilidade, ou seja, picos de subida e descida constantes que podem variar a cada 45 minutos, dependendo da fase do ciclo menstrual. Um exame, portanto, pode apontar resultados diferentes ainda que aplicado duas vezes em um mesmo dia. Durante o ciclo, então, as mudanças são enormes. Perto da fase da ovulação, a taxa de LH é até 35 vezes maior que a taxa média observada no restante do ciclo. Tudo isso deve ser considerado na hora de interpretar a dosagem hormonal. Portanto, ninguém precisa se assustar quando novas medições são solicitadas pelo médico.[37]

Checando as glândulas

Pensemos agora em uma transmissão em cadeia. Dentro do cérebro, o hipotálamo dá uma ordem para a hipófise que dá outra ordem para os ovários. Quando os níveis de FSH e LH – que na prática são as mensagens que vão da hipófise para os ovários – se mostram realmente baixos após uma checagem segura, é preciso saber qual das duas glândulas cerebrais está falhando. Então o médico receita um medicamento que imita a ordem do hipotálamo para a hipófise e pede outro exame. Se a hipófise não responder, é porque a causa da infertilidade está nessa glândula, que deverá ser tratada. Se, ao contrário, a hipófise atender ao medicamento, produzindo FSH e LH, a disfunção é do hipotálamo, exigindo outro tipo de tratamento.[38]

A dosagem da progesterona

Para se saber se a mulher ovulou, a medição da progesterona é feita entre o 22º e o 24º dia após o início da menstruação. Os índices são normais quando estão acima de 10 nanogramas de progesterona por mililitro de sangue, o que praticamente significa a certeza de que houve liberação do óvulo pelo folículo e que o corpo lúteo entrou em atividade, preparando o útero para uma eventual gravidez. Isto é um bom sinal. Se o resultado estiver entre 2,5 e 10 nanogramas por mililitro, a paciente requer cuidados: ela ovula, mas pode perder o embrião em um período tão curto que nem chega a se dar conta da gravidez. Se a progesterona apresentar níveis muito baixos, a mulher não está ovulando.[39]

A dosagem da prolactina

Grande responsável por casos de infertilidade – e às vezes caracterizando um quadro clínico de fácil correção –, a prolactina também exige cuidados especiais ao ser dosada para que falsos resultados sejam evitados. Erros de coleta são comuns e este é o exame em que o estresse mais interfere. Uma mulher que se atrasa e chega correndo ao laboratório, fazendo a coleta logo em seguida, pode ter o resultado alterado pelo exercício. Para uma medição mais confiável, a paciente deve ficar em repouso por 45 minutos, deitada e com a veia pega. Em caso de pequenas variações no resultado, o exame deve ser refeito para corrigir eventuais erros de coleta. A prolactina deve ser melhor investigada sempre que sua dosagem estiver acima de 25 nanogramas por mililitro.[40]

Histerossalpingografia: o exame das trompas

A histerossalpingografia nada mais é do que uma radiografia com a utilização de um contraste visível ao raio-x. O contraste é injetado através da vagina por um catéter, banhando as trompas e todo o útero até alcançar a cavidade abdominal. A radiografia mostra se existe alguma barreira impedindo a passagem do líquido. Em caso positivo, é sinal de que existe alguma patologia que precisa ser esclarecida, tais como aderências, obstruções, miomas, pólipos e sinéquias.

É natural que as mulheres tenham medo de fazer uma histerossalpingografia, pois trata-se de um exame invasivo, desconfortável e um pouco doloroso que, além do mais, envolve radiação. No entanto, ele é indispensável. Qualquer obstrução menos perceptível pode impedir o sucesso de tratamentos

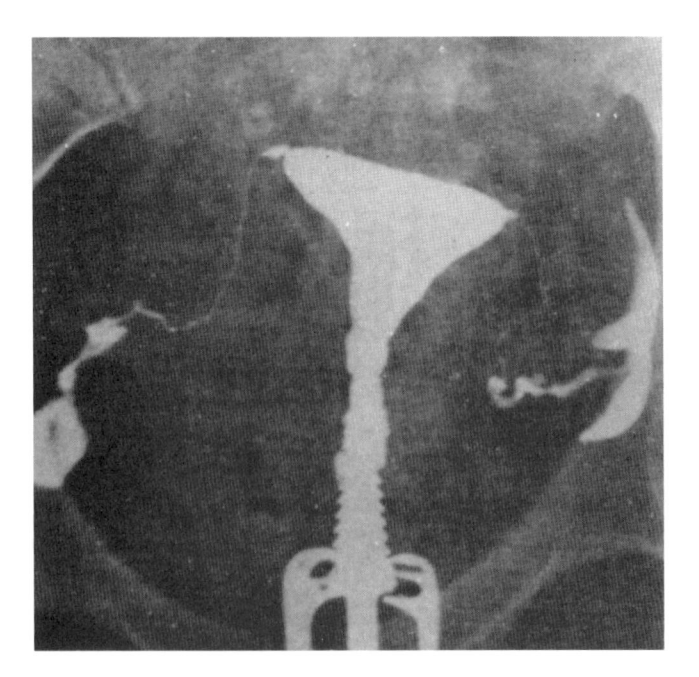

Imagem de uma histerossalpingografia

para garantir uma boa ovulação, por exemplo. Se existem obstáculos, eles precisam ser identificados e removidos. Por isso, a histerossalpingografia é um exame que faz parte da investigação básica do esterileuta e está entre os primeiros a serem solicitados no processo de diagnóstico.

Cuidados especiais

Para evitar transtornos à mulher, a histerossalpingografia deve ser feita com delicadeza. A sensibilidade do útero não responde ao calor, a cortes e a ferimentos. Nenhuma dessas agressões causa dor, tanto que há tratamentos feitos com gelo ou com produtos químicos, ou ainda por meio de cauterizações por calor, que costumam ser indolores. No entanto, as contrações e a dilatação do útero são, estas sim, dolorosas. Se o líquido para a histerossalpingografia for injetado vagarosamente, as dores produzidas pelos movimentos do útero para

DIÁRIO DE UM ESTERILEUTA 11:

O medo do exame das trompas

Maria Tereza perguntou se eu poderia dispensar a histerossalpingografia, um exame que sempre é feito para checar a possibilidade de obstruções. Ela explicou que já havia feito esse exame três anos antes, a pedido do ginecologista, e que havia sofrido bastante no laboratório que o realizou. Infelizmente, não poderíamos dispensá-lo, já que nesse intervalo Maria Tereza poderia ter desenvolvido alguma aderência nas trompas, porque, no ano anterior, tivera uma gravidez que resultou em aborto e curetagem. Expliquei que aderências são sequelas bastantes comuns de intervenções como essa. Mas mostrei também que ela poderia ficar mais tranquila quanto ao exame. Com os cuidados necessários, o máximo de transtorno é uma pequena cólica, devido à contração do útero.

Dor e sofrimento excessivos não devem ser associados à histerossalpingografia quando o exame é feito em um local adequado, com o profissional certo. Um bom esterileuta deve saber indicar onde e com quem fazer a histerossalpingografia.

acomodá-lo, podem equivaler a cólicas menstruais. Um bom radiologista sabe disso e poupa a mulher de sofrimentos maiores.

Antes de fazer uma histerossalpingografia é importante saber se o profissional que fará os procedimentos para o exame é de fato um radiologista, assim como pedir recomendação médica para um serviço adequado. Algumas clínicas radiológicas colocam técnicos para preparar e radiografar a paciente, só então encaminhando o resultado para o profissional responsável. Muitos, sem o devido preparo para injetar o contraste vagarosamente, acabam submetendo as pacientes a sofrimentos desnecessários.

O momento certo para o exame

Para evitar uma falsa interpretação dos resultados, a histerossalpingografia não deve ser feita em um momento próximo à ovulação. Por isso, se ficar por conta da paciente marcar a data para o exame em um serviço de sua preferência, é recomendável que se escolha uma data logo após a menstruação. O líquido usado para o contraste banha tecidos que, perto da ovulação, podem se contrair com o menor estímulo.

A trompa tem cílios que conduzem o espermatozóide ao óvulo e, logo depois, o levam de volta ao interior do útero. São os chamados movimentos peristálticos, acionados pelas mudanças hormonais e pela sensibilidade aguçada dessa fase. O líquido para contraste, embora não faça mal algum ao organismo, é, antes de mais nada, um corpo estranho no interior do útero e das trompas. Sua simples presença na fase dos movimentos peristálticos pode excitar as células das paredes tubárias e levá-las a se contrair provocando alguns espasmos das trompas. Essas contrações podem até impedir a passagem do contraste. Por causa disso, há casos de erros de diagnóstico que apontam para obstrução tubária até do tipo bilateral – as duas trompas obstruídas –, em razão de exames feitos na hora errada ou em pacientes que apresentam muitos espasmos quando sentem dor.[41]

No passado recente, era comum que mulheres fossem levadas à mesa de operação para retirar obstruções inexistentes. Prontos para a cirurgia, os médicos injetavam novas doses de contraste na mulher – já com o abdômen aberto – para localizar a interrupção e o líquido fluía livremente. Simplesmente não havia cirurgia a ser feita.[42]

Quando os exames curam

A histerossalpingografia às vezes é um exame de efeitos mágicos. É realizado para se descobrir onde está a obstrução e, em alguns casos, quando a radiografia termina, a mulher está curada. O que explica isso?

DIÁRIO DE UM ESTERILEUTA 12:

Efeitos Mágicos

Mal havia iniciado os exames para investigar a dificuldade que vinha enfrentando para uma segunda gravidez, quando Selma estranhou que o atraso de sua menstruação. Ela e Marco Aurélio já tinham um filho de três anos e meio e sonhavam com uma menina. Se a primeira gravidez havia sido tranquila, apesar da cesariana que se mostrou necessária devido à posição do bebê, as demais tentativas de aumentar a família não vinham dando certo.

O fato de ter passado por uma cirurgia para o nascimento da primeira criança era razão suficiente para suspeitarmos de que alguma aderência, resultante de sangramentos naquela oportunidade, pudesse estar obstruindo o caminho entre as trompas e o útero. Por isso, era muito grande a expectativa quanto ao resultado de sua histerossalpingografia.

Apesar de toda delicadeza com que foi feita, a aplicação de contraste no útero de Selma mostrou-se mais incômoda do que deveria, como se o líquido estivesse sendo represado no órgão. Mas, no momento da radiografia, já não era perceptível qualquer bloqueio na sua passagem. Depois desse exame, um pouco chateada pelo desconforto que sentiu, Selma demorou quase um mês para retornar ao consultório. E quando voltou, já relatava um atraso de cinco dias na menstruação que, até aquele mês, vinha funcionando como um relógio. Uma dosagem hormonal feita durante a consulta indicou que Selma estava grávida, sem nem ter iniciado o tratamento. Coincidência? Não, a histerossalpingografia pode ter efeitos terapêuticos em casos de aderências leves.

Não é nenhum milagre. Há fatores obstrutivos tão pequenos – como uma cristalização de muco nas trompas, por exemplo – que, embora sejam suficientes para impedir a passagem dos espermatozóides, a mera injeção do contraste é capaz de removê-los. Supõe-se que seja isto que ocorra, pois esse tipo de obstrução não aparece na radiografia, a qual é feita depois de a barreira ter sido eliminada pelo líquido. Devido a esse tipo de possibilidade é que se diz que alguns casais se beneficiam apenas com a investigação de sua infertilidade, alcançando a gravidez no meio do processo de diagnóstico.[43]

O teste pós-coito

Conforme o estrogênio aumenta, sinalizando que haverá uma descarga de hormônios para liberação do óvulo, o muco cervical começa a irrigar-se, pois o colo do útero deve estar bem hidratado para permitir que o espermatozóide "nade", suba até o interior do órgão e participe da fecundação. Antes disso, no entanto, é fundamental que o espermatozóide chegue ao colo do útero e alcance o muco cervical

A deposição natural do sêmen no fundo da vagina acontece por meio das contrações musculares – bastante acentuadas na área dos glúteos – que o homem tem no momento do orgasmo. Ao contrário do que ocorre durante a maior parte da relação sexual, quando o pênis faz um movimento superficial de vai-e-vem, o órgão masculino penetra mais profundamente no momento do orgasmo, atingindo a região próxima ao colo uterino onde se encontra o muco cervical. Quando o pênis é retirado, as paredes vaginais se fecham, represando o sêmen. Como o interior da vagina é um meio mais ácido, os espermatozóides rapidamente se dirigem ao muco cervical, onde encontram melhores condições.[44]

A infertilidade pode ser causada por alguns tipos de impotência, como o não enrijecimento total do pênis, que não permitem que o homem faça a deposição no fundo da vagina. Depositados no meio do caminho, os espermatozóides poderão perecer sem conseguir chegar ao muco. A mesma coisa pode acontecer em razão de ejaculação precoce, que se caracteriza por uma descarga espontânea sem o aprofundamento do pênis como resultado da contração muscular dos glúteos. Também por impedir a deposição dos espermatozóides no local apropriado, a dispareunia (dor à penetração) e o vaginismo (contração involuntária da musculatura da vagina que dificulta a penetração) podem causar a infertilidade.[45]

Para diagnosticar se os espermatózoides chegam ao muco cervical e avaliar a interação entre o muco e os gametas, existe um exame bastante utilizado no diagnóstico de esterilidade. O exame chama-se teste pós-coito e consiste na retirada de uma amostra do muco existente no colo do útero em um dia previamente estabelecido de acordo com o funcionamento do ciclo hormonal da mulher. O teste pós-coito indica se há condições para que o espermatozóide "nade" até o interior do útero. O exame é feito entre seis e oito horas após a relação sexual.

Quando o resultado é positivo, o teste pós-coito é um ótimo indicador da interação do espermatozóide com o muco cervical. Porém, quando o resultado é negativo, não se pode concluir que haja problemas. Vários trabalhos publicados mostram que o teste deixa margens para dúvidas e os especialistas em reprodução já estão acostumados com a grande quantidade de resultados falso negativo dos exames.[46] Basta que a mulher não esteja na fase imediatamente anterior à ovulação e o seu muco vaginal ainda não esteja irrigado, ou que o teste seja feito um dia depois da ovulação, quando o muco já em plena desidratação, para que o exame apresente um falso negativo. Erros de data de coleta como esses são bastante comuns quando o teste é feito em laboratórios. Quando a coleta do muco é feita com o acompanhamento de um especialista e o devido monitoramento do ciclo, a confiabilidade dos resultados é maior.[47]

Mesmo com grandes margens para resultados imprecisos, o teste pós-coito continua sendo um método importante de investigação. No entanto – e embora seja frequente a realização deste exame em casos de infertilidade –, ele pode ser dispensado quando outros exames já indicarem que o melhor caminho é a reprodução assistida.

Ultra-sonografia transvaginal

A ultra-sonografia tranvaginal é um exame muito realizado na investigação da infertilidade, pois proporciona uma visão bem detalhada do útero – tanto do miométrio quanto do endométrio – e dos ovários. O exame permite determinar a presença ou ausência de tumores no útero (miomas), de folículo dominante – que é um sinal indireto de provável ovulação –, do corpo lúteo – outro sinal de ovulação – e de tumores ovarianos sólidos ou císticos. Os cistos ovarianos, no caso, são bolsas que podem conter líquido, sangue, pus ou outros elementos. Normalmente, são de origem endócrina, principalmente se forem menores que de 5 centímetros. Cistos maiores devem ser melhor explorados para que se tenha certeza de que a tumoração ovariana não é maligna.

Laparoscopia para endometriose

Uma frequente preocupação do especialista é checar a possibilidade de existência de endometriose, causa comum de infertilidade. Com esse objetivo, faz-se um exame por laparoscopia que consiste na introdução, através de microincisões, de uma minúscula câmera no abdômen da paciente que permite ao médico a observação interna. O exame é feito sob anestesia geral.

Infelizmente, por expandir-se para fora do útero, a endometriose não aparece em radiografias ou ultra-som. Não existe tampouco nenhum exame de sangue ou técnica menos invasiva que comprove o diagnóstico de endometriose. O exame, portanto, é sempre laparoscópico e exige a retirada de uma amostra do tecido externo ao útero para uma biópsia do material em laboratório.

A laparoscopia também serve para diagnosticar o estágio em que a doença se encontra e qual a estratégia de melhor tratamento. Além disso, ela muitas vezes é utilizada para se avaliar com maior precisão a integridade das trompas.[48]

A biópsia do endométrio

É na parede interna do útero que o embrião vai se implantar e crescer. Por isso, durante o ciclo menstrual, ela se transforma tanto que um patologista experiente é capaz até de dizer, pela observação microscópica do órgão, em que dia do ciclo menstrual a mulher se encontra. A biópsia geralmente é solicitada entre o 22º e o 24º dia após o início da menstruação, quando as principais alterações para segurar e nutrir o embrião já deverão ter ocorrido. O objetivo desse exame é descartar falhas de ovulação e indicar problemas de nidação do endométrio, ou seja, problemas na capacidade do órgão para permitir o enraizamento do embrião.[49]

11

Os tratamentos clínicos femininos

NESTE CAPÍTULO ABORDAREMOS os tratamentos clínicos disponíveis para o tratamento da infertilidade feminina. Desde já é importante salientar que, se comparado com o aparelho masculino, o aparelho genital feminino é muito mais complexo e suas doenças podem exigir diferentes tipos de tratamentos clínicos ou procedimentos cirúrgicos. Ainda assim, os antibióticos e antiinflamatórios ministrados em casos de infecções ou inflamações presentes no útero ou em seus anexos – trompas e ovários – pertencem a mesma gama de substâncias usadas para os homens.

Na área de reprodução humana são mais frequentes os tratamentos destinados a corrigir sequelas deixadas por infecções antigas, cirurgias anteriores ou problemas resultantes de disfunções hormonais.

Tratando as infecções

As infecções no aparelho genital feminino podem acometer a vagina, o colo do útero, o útero, as trompas e os ovários. As infecções da parede vaginal e do colo de útero, que via de regra não causam danos quanto à fertilidade, são as mais frequentes.

As infecções mais problemáticas quanto a sequelas que possam acarretar em algum grau de infertilidade são as infecções nas trompas causadas principalmente pela *Clamydia Tracomatis*, uma bactéria sorrateira que deixa sequelas muitas vezes incorrigíveis até mesmo por via cirúrgica, exigindo que a paciente utilize algum método de reprodução assistida para engravidar.[50]

Finalmente, é importante lembrarmos que casos de infecção aguda não implicam necessariamente em problemas crônicos de infertilidade, e podem ser tratados tratados por meio de um acompanhamento ginecológico tradicional.

Tratamentos hormonais

Medicamentos hormonais estão presentes em quase todos os tratamentos femininos para a reprodução. Tanto podem ser ministrados para corrigir deficiências ou irregularidades hormonais, quanto para reforçar a ovulação da mulher que apresenta dificuldade para engravidar. Neste caso, são chamados de indutores de ovulação e podem ser usados também em mulheres saudáveis que se submetam às técnicas de fertilização assistida devido a problemas do parceiro. Métodos de reprodução assistida sempre exigem uma super-ovulação para que a coleta dos gametas na quantidade adequada seja viabilizada.

O uso de substâncias para reposição hormonal, por sua vez, deve estar sempre condicionado a uma minuciosa identificação e correção das causas que provocaram a deficiência hormonal. Caso a doença seja tratada e eliminada na origem, o tratamento hormonal poderá até ser descartado.

Reposição hormonal

É grande a probabilidade de uma ovulação inadequada ter sua origem na carência de estrogênio. Há também casos de uma boa ovulação associada a um muco cervical de baixa qualidade devido à baixa quantidade desse hormônio. Quadros como esses são tratados com reposição hormonal, em níveis que variam de acordo com o problema verificado. No caso do muco cervical inadequado, o tratamento pode ser feito com um estrogênio mais fraco, como o estriol, que não interfere no eixo sexual mas produz os efeitos desejados.[51]

No caso de ausência de ovulação por hipogonadismo (ver capítulo 8), é preciso descobrir em que ponto está o desequilíbrio hormonal. Se forem originados na hipófise ou hipotálamo, os hormônios cerebrais precisarão ser repostos. Isto pode ser feito pela administração de substâncias sintéticas que substituem a produção natural ou por meio de tratamentos para restabelecer as funções de hipófise e hipotálamo.[52]

Tratando a hiperprolactenia

Antigamente utilizava-se medicamentos para para baixar a prolactina no organismo feminino de maneira puramente empírica. Atualmente, a investigação é mais aprofundada. A hiperplolactenia, na verdade, não deve ser vista como doença, mas como sintoma de que algo não vai bem no organismo. O tratamento, então, deve se dar sobre as causas. A presença irregular do hormônio pode indicar apenas um processo de estresse, mas também pode ser indício de uma endometriose ou de um ovário policístico.

A primeira providência é saber se a paciente com excesso de prolactina está tomando outros medicamentos. Alguns antidepressivos, controladores da pressão arterial, remédios contra náuseas e anti-alérgicos, às vezes, elevam a produção do hormônio. Se for constatada a utilização de um desses medicamentos, o mesmo teré que ser substituído por outro tratamento. Situações de estresse crônico ou transitório, até em razão das incertezas quanto à fertilidade, também têm o poder de gerar hiperprolactinemia. Eliminadas estas causas, o próximo passo é descobrir se há doenças originando o problema, que podem ir de simples erupções cutâneas e cicatrizes que pressionem os nervos mamários a tumores hipofisários. Doenças da tireóide costumam ser a causa mais frequente.[53]

Na hipófise, os tumores mais comuns são os chamados microadenomas hipofisários e, embora o diagnóstico assuste um pouco, este é um quadro que responde muito bem a medicamentos e normalmente não há a necessidade de cirurgias,[54] pois ao contrário do que se fazia no passado, hoje esgotam-se primeiro os recursos medicamentosos. É interessante que os mesmos medicamentos que antes eram usados de forma empírica para baixar o hormônio continuam sendo eficazes para o tratamento de tumoração.

É importante salientar, no entanto, que prolactina muito alta é sempre um aviso de que há tumores a serem tratados. Tomografias computadorizadas ou ressonância magnética indicarão o nível da tumoração e o tratamento compatível que, apesar da eficiência dos medicamentos atuais, pode exigir cirurgia em alguns casos.[55]

Neutralizando o DHEA

A presença anormal do DHEA (dehidroepiandrosterona) é mais um caso em que um bom tratamento pode afastar a necessidade de procedimentos para fertilização assistida. O tratamento geralmente é feito com um corticóide que bloqueia a atividade da supra-renal e diminui a secreção de DHEA. Uma vez que eixo esteja reequilibrado, e afastados outros problemas, é possível uma fecundação natural.[56]

Redução de miomas

Embora o tratamento de miomas geralmente exija intervenções cirúrgicas, existem tratamentos clínicos que, antes da cirurgia, podem eliminar pequenos tumores ou ainda reduzir aqueles de maiores dimensões. Os medicamentos usados são análogos do GnRH, hormônio que faz a comunicação entre hipotálamo e hipófise para que produzam as gonadotrofinas.[57] Na realidade, trata-se das mesmas substâncias empregadas no tratamento da endometriose.

As gonadotrofinas são hormônios de caráter cíclico que desencadeiam a ovulação durante a fase reprodutiva da mulher. Na menopausa, elas continuam sendo produzidas continuamente, mas sem a resposta dos ovários. Os análogos do GnRH imitam esse hormônio produzido no hipotálamo e, quando são ministrados de maneira contínua, cessam a secreção hormonal, bloqueando tudo, como se a mulher estivesse na menopausa. Até os sintomas são os mesmos da menopausa, incluindo as ondas de calor. O resultado colateral que nos interessa aqui, no entanto, é o murchamento dos miomas, os quais se alimentam de hormônios. Miomas grandes, que requerem cirurgias, ficam menores, evitando que o útero sofra demais com sangramentos excessivos durante a operação. Além disso, as respostas intra e pós-operatórias tendem a melhorar.[58]

O emprego do análogo do GnRH deve ser feito com cautela e apenas por um breve período de tempo. Três meses de uso para redução dos miomas está dentro da margem aceitável. Se for ministrado por mais de seis meses, aumentam-se as chances de incidência de osteoporose na mulher.[59]

Tratando a Síndrome do Ovário Policístico para a gravidez

A síndrome de anovulação crônica – quando os óvulos se transformam em cistos ovarianos – tem uma variedade de causas isoladas e, portanto, pode ser tratada de forma direta ou indireta, conforme o diagnóstico. Se o problema estiver restrito ao próprio eixo sexual, o tratamento se concentrará diretamente na regularização do ciclo. Algumas mulheres, no entanto, têm predisposição genética à Síndrome do Ovários Policístico (SOP) e a doença tende a reincidir após o tratamento. Muitas mulheres, portanto, optam por tomar pílulas anticoncepcionais que produzem uma regularidade artificial do ciclo e, ao mesmo tempo, poupam os ovários. É uma forma de controle da síndrome; novos cistos não aparecem, já que não há ovulação.

No entanto, para as mulheres que querem engravidar, é fundamental que os óvulos sejam produzidos e saiam dos seus folículos. Nesses casos, há dois caminhos para o tratamento. O primeiro é a suspensão das atividades do eixo por meio de estrógenos (pílulas) por um curto período. Regularizado o ciclo, as pílulas são suspensas e entram em cena os indutores de ovulação, que serão tratados na parte IV deste livro. Possivelmente, será recomendável o emprego de técnicas de reprodução assistida para promover a concepção. A outra opção é a possibilidade de se induzir a ovulação mesmo sem um prévio tratamento com estrogênio.

Qualquer que seja o caminho escolhido para o tratamento, mulheres com Síndrome do Ovário Policístico que desejam engravidar deve ser bem acompanhadas pelo médico durante processo de indução do ciclo ovulatório. Este acompanhamento pode ser feito com a ajuda de ultra-som, que permite monitorar a resposta dos ovários aos medicamentos.[60]

Para aquelas pacientes que não querem engravidar e devem controlar a doença devido ao excesso de estrogênio e testosterona, o simples uso de pílulas anticoncepcionais impede o excesso deste último hormônio. Além disso, mesmo depois de suspenso, o uso da pílula tem o poder de regular o equilíbrio hormonal por algum tempo, como se houvesse dado um breque generalizado no ciclo vicioso da doença.

O controle da Síndrome do Ovário Policístico, portanto, tem na pílula um poderoso aliado que só deve ser substituído quando a mulher tem algum tipo de intolerância a esse tipo de tratamento. A escolha do anticoncepcional deve ser feita junto com o médico, após a gravidez, da mesma forma que é recomendada às portadoras de SOP que não desejam engravidar. Para ânimo daquelas que sentem abatidas pela síndrome, a pílula interrompe também os outros sintomas da doença. O que ainda sobrar, como sequelas na pele ou pequenos pelos na barriga e no rosto, pode demandar uma visita ao dermatologista. É importante lembrar que o controle de peso também é um ótimo aliado no tratamento da doença.

Tratando a endometriose

Como vimos na descrição da endometriose, essa doença tem vários estágios de desenvolvimento e em cada estágio haverá um tratamento mais apropriado tanto para conter a doença como para permitir uma gravidez.

O tratamento clínico, que muitas vezes ocorre concomitantemente ao cirúrgico, mostra-se importante em diferentes estágios do combate à doença. Ele é utilizado, por exemplo, para aliviar sintomas da doença, como a dor incapacitante, ou como terapia pré-operatória em pacientes reincidentes. Da mesma forma, recorre-se ao tratamento clínico para prevenir a progressão da doença e também como terapia pós-operatória em pacientes onde a excisão cirúrgica não foi completa.[61]

O arsenal terapêutico disponível para o controle da endometriose iniciou-se com o uso das progesteronas na década de 1940.[62] Vários tipos de progesterona sintética foram utilizadas durante um longo período. Entretanto, esses agentes têm efeitos colaterais importantes, tais como alterações no fluxo menstrual, retenção de líquidos e náuseas, que frequentemente causam o abandono do tratamento, tais como são observados. Além disso, a depressão clínica ocorre em aproximadamente 10% das pacientes.[63]

Os hormônios androgênios (Danazol), por sua vez, são utilizados para o controle da endometriose há aproximadamente 20 anos. Seus efeitos colaterais mais comuns são a queda de cabelo, irritabilidade, acne, hirsutismo, insônia, diminuição das mamas e ganho de peso. Esse medicamento já mostrou uma eficácia surpreendente na eliminação de focos de endometriose, mas a um grande custo físico.[64]

No início da década de 1980, surgiu uma anti-progesterona chamada gestrinona que apresentava eficácia superior às progesteronas e que não tinha tantos efeitos colaterais. Além disso era administrada apenas duas vezes por semana. Esse medicamento foi muito utilizado nas décadas de 1980 e 1990.[65]

Mais recentemente, no início da década de 1990, houve um aumento expressivo no uso de análogos do GnRH para tratar a endometriose. A indústria farmacêutica lançou vários análogos e surgiram medicamentos de depósito no organismo, que permitiam a aplicação de injeções mensais ou trimestrais. Como já vimos, este hormônio funciona como um anti-hormônio feminino que coloca a paciente numa situação endócrina semelhante à menopausa. Daí os sintomas mais frequentes serem calor, diminuição da lubrificação vaginal e perda óssea. Esta úlltima, sem dúvida, é a maior limitação para o uso prolongado desse medicamento.[66]

12

Os tratamentos cirúrgicos femininos

DE MANEIRA GERAL, AS CIRURGIAS em Reprodução Humana são realizadas para recompor o caminho que o óvulo e o espermatozóide têm que percorrer ou para permitir que o útero possa suportar o crescimento durante a gestação. As cirurgias que visam possibilitar a gravidez sempre procuram tirar o mínimo possível de tecido, preservando ao máximo integridade dos órgãos.

O que não pode ser esquecido é que toda cirurgia deixa sequelas. Até uma simples aderência resultante de um processo cirúrgico pode causar esterilidade. Portanto, a cirurgia só deve ser realizada se não houver um meio menos invasivo de resolver o problema, como uma laparoscopia.

É difícil estabelecer o percentual de mulheres que necessitam de cirurgia. Quem frequenta hospitais públicos normalmente não tem condições de fazer controle periódico de sua saúde. Não é incomum que mulheres que tiveram aborto provocado na adolescência passem anos sem ir a um médico. Casos assim chegam ao conhecimento do médico quando a doença já está em um estágio muito avançado. O certo é que problemas obstrutivos como fator de infertilidade poderiam ser quantitativamente menores se houvesse a massificação da medicina preventiva.

Pacientes de clínicas particulares e com nível sócio-econômico elevado, no entanto, têm condições de procurar atendimento antes que seu problema se agrave. Em uma fase inicial, um grande contingente de doenças geradoras de obstruções pode ser resolvido com medicamentos.

O esterileuta precisa ter uma visão clínica muito refinada ao optar por tratamentos cirúrgicos. Cabe aqui a seguinte pergunta: Miomas, obstruções e aderências sempre devem ser eliminados cirurgicamente? A resposta é não. Miomas externos ao útero quase nunca impedem uma gravidez e não atrapalham o desenvolvimento da gestação, e tudo que não se deseja em um caso desses é o risco cirúrgico de sangramentos. Já nos casos de miomas internos a possibilidade de uma intervenção é maior.

A equação está em saber se a saúde da mulher está sendo prejudicada pela obstrução, se o tratamento cirúrgico vai aumentar ou não as chances de uma gravidez e que outros métodos não cirúrgicos podem produzir melhores resultados.

Cauterizações

Como já vimos, alguns processos inflamatórios no colo do útero afetam as glândulas produtoras do muco cervical. Se o quadro não responde a medicamentos, podem ser necessários procedimentos cirúrgicos delicados. No entanto, muitos problemas desse tipo podem ser resolvidos com cauterizações cuidadosas.

São bastante usadas, hoje em dia, as cauterizações com gelo. Por meio de um aparelho chamado criocautério que é conduzido até o canal interno do colo do útero, as glândulas endocervicais são "congeladas" a baixíssima temperatura. Ainda que pequenas cólicas sejam comuns em razão das contrações provocadas pela manipulação da área, a cauterização com gelo é um método indolor, pois o útero não sente mudanças de temperatura. Congeladas, as glândulas se abrem e soltam as substâncias que estão retidas em razão da inflamação. A partir daí, volta a fabricar e liberar o muco cervical regularmente.[67]

Conização rasa

Inflamações graves no colo do útero provocam queda de pH e também inviabilizam o ambiente cervical para a passagem do espermatozóide. O foco principal do processo inflamatório deve ser retirado, sem afetar demais as glândulas que produzem o muco cervical. Uma forma de se obter esse resultado é a conização rasa, procedimento cirúrgico em que o médico retira um pequeno cone de tecido, exatamente na área onde se origina a inflamação, de forma a eliminá-la. É uma cirurgia delicada. O principal cuidado é o de não alcançar uma área mais profunda, onde estão a maioria das glândulas endocervicais. Daí o adjetivo "raso" para esse procedimento.[68]

Plásticas no colo do útero

Alguns procedimentos no colo do útero podem resultar no estreitamento do mesmo (estenose), impedindo o trânsito de espermatozóides em virtude da pouca produção de muco cervical. Entre as causas mais comuns estão as cauterizações elétricas, criocauterizações profundas e conizações para tratamento de doenças pré-malignas do colo.Casos assim podem exigir uma intervenção cirúrgia plástica para peritir a fecundação e a gravidez.[69]

Partos difíceis ou uso de fórceps também são uma ameaça para a anatomia do colo uterino. Mães que passaram por isso estão entre as candidatas a cirurgias plásticas para conseguir uma segunda gravidez. A operação é chamada de traqueloplastia e aparece como um recurso de tratamento quando o colo do útero, aberto em razão dos ferimentos, secreta muco cervical em excesso. Em constante contato com bactérias vaginais, o muco é vulnerável a contaminar-se e levar infecções ao colo, que barram o caminho dos espermatozóides. A reconstrução anatômica demora cerca de uma hora e exige dez dias de recuperação. Esse tipo de cirurgia é evitado quando se verifica que o corrimento não é exagerado, quando a infecção se retrai com medicamentos ou ainda quando a mulher opta por uma inseminação artificial. Nesse último caso, mesmo que a anatomia do colo continue prejudicada, o espermatozóide é colocado diretamente no útero, pulando uma etapa da fecundação. Uma pequena sutura também pode ser uma laternativa para reduzir a abertura anormal do colo. A cirurgia plástica do colo é recomendável apenas quando o corrimento é abundante, permanente, e as infecções reaparecem com frequência.

Cirurgias reparadoras do ovário

Atualmente, quase todos os tipos de problemas no ovário podem ser resolvidos com a laparoscopia, a não ser que haja uma grande probabilidade de câncer. Nesse caso, o melhor é utilizar uma técnica oncológica para não correr o

DIÁRIO DE UM ESTERILEUTA 13:

O caso de Tânia

Tânia veio me procurar porque tinha uma Síndrome do Ovário Policístico resistente ao uso de indutores de ovulação. Já havia passado por um período de descanso dos ovários, com uso de pílulas anticoncepcionais, mas, depois disso, não conseguira a gravidez por meios naturais. Quando fez um tratamento de indução ovulatória, acabou descobrindo mais uma característica de sua doença: os indutores não produziam os efeitos desejados.

Casos como o de Tânia exigem tratamentos mais invasivos, como procedimentos laparoscópicos para a cauterização do ovário. Após a laparoscopia para cauterização do ovário, Tânia superou seus problemas ovulatórios. No entanto, teve uma gravidez tubária, o que não se pode prever ou evitar. Um aborto, associado a perda de uma das trompas, foi realmente um fator de depressão temporária para Tânia, já fragilizada pelos transtornos da SOP. Uma coisa nada tinha a ver com a outra, mas, psicologicamente, tudo parecia consequência da mesma doença que tanto faz sofrer suas numerosas vítimas. Na prática, os dois problemas se somavam, reduzindo as chances de uma gravidez espontânea, embora a possibilidade não estivesse completamente eliminada.

Como ainda tinha uma trompa boa e mantinha sua ovulação normalizada, Tânia foi orientada a descansar dos tratamentos por mais alguns meses, sempre tentando a gravidez pela relação sexual. Após três ciclos de tentativas sem êxito, retornou. Já estava psicológica e fisicamente mais recuperada para tentar uma nova alternativa, a inseminação artificial com indução da ovulação. Dessa vez o tratamento responderia com sucesso a seu desejo de ser mãe. Tânia também conseguiu regularizar seu eixo hormonal e a própria gravidez, acredito, pode ter sido responsável por isso.

A história de Tânia também serve para nos lembrar que mulheres que buscam apoio nas técnicas de reprodução assistida podem passar pelos mesmos tipos de dificuldades ou surpresas indesejáveis a que estão sujeitas todas as mulheres que querem engravidar, tais como abortos decorrentes da má fixação do embrião ou doenças associadas à gestação.

---

risco de vazar substâncias do tumor na cavidade abdominal, espalhando as células cancerosas. Muitas cirurgias são realizadas para remover cistos do ovário que na verdade são resultantes de endometriose. Recordando, a endometriose é um grupo de células que se desprende do endométrio e adere à parede externa do útero ou outros órgãos. Quando grudam no ovário, essas células têm uma característica diferente. Começam a penetrar a gônada e, banhadas pelos hormônios ovarianos, desenvolvem-se formando um cisto. O médico geralmente opera o cisto com medo de que seja um processo cancerígeno. Não porque o cisto pode se transformar em câncer, mas porque o câncer pode apresentar um aspecto cístico.[70]

Remoção de cistos ovarianos

Como regra geral, cistos com menos de cinco centímetros não devem ser operados, mas tratados com hormônios e reavaliados posteriormente. O limite pode ser tênue. Para uma paciente com cisto de seis centímetros, que apresente irregularidade hormonal e menstrual, é melhor primeiro ministrar hormônios e avaliar a natureza do cisto do que realizar uma cirurgia precipitada. Se o cisto desaparecer, está claro que a causa era hormonal. Se não, trata-se de um tumor que deve ser retirado. Antigamente utilizava-se progesterona para esse tratamento prévio. Agora, usam-se análogos como o GnRH, que inibe o ovário na produção de hormônios.

Cistos não oncológicos que não desaparecem devem ser removidos com precisão, preferencialmente por meio de laparoscopia. A cistectomia – cirurgia para extrair o cisto – é feita por meio da introdução do aparelho laparoscópico, que esvazia e retira o cisto sem traumatizar o ovário. Cabe ao esterileuta eliminar a causa da infertilidade e preservar o órgão ao mesmo tempo.[71]

Remoção de pontos de endometriose

Uma vez diagnosticada a endometriose, o médico provavelmente indicará o tratamento clínico, com medicamentos para reduzir os pontos. Em alguns casos, contudo, só o tratamento clínico não será suficiente para eliminar a doença, abrindo a possibilidade de uma intervenção cirúrgica para retirar o tecido da endometriose. Mais recentemente, os últimos consensos em tratamento cirúrgico da doença sugerem uma nova conduta e aconselham que se persista no tratamento clínico dos pequenos focos para que a eventual formação de aderências em consequência da cirurgia seja evitada. De fato, cauterizar pequenos pontos de endometriose pode ser arriscado.[72]

Remoção de miomas

Miomas no útero são com muita frequência considerados razões suficientes para uma histerectomia, a retirada completa do útero. Isto, no entanto, pode não ser o procedimento médico mais adequado e, infelizmente, outros distúrbios uterinos também motivam esse tipo de intervenção cirúrgica sem necessidade em muitos hospitais públicos e mesmo em clínicas particulares.

Se o útero estiver pequeno, não indo muito além dos 150 gramas de seu peso natural, provavelmente não precisa ser extraído, mesmo que haja sangramentos irregulares que causem preocupações mais sérias. Úteros muito aumentados pela presença de miomas ou endometrioses também têm tratamento na maioria dos casos. Deve-se tentar tratamentos alternativos à histerectomia até o limite dos recursos, especialmente quando a mulher ainda espera ter filhos ou deseja preservar o órgão.[73]

Duas variáveis importantes serão consideradas para a decisão de se extrair ou não miomas benignos cirurgicamente: o tamanho e a localização do tumor. Serão removidos aqueles que se projetem de forma saliente para dentro da cavidade uterina ou que sejam grandes a ponto de deformá-la e fazer pressão sobre o feto. Essa avaliação será feita por ultra-som e histerossalpingografia. O que os médicos consideram para fazer esse tipo de diagnóstico é a relação entre a intensidade dos sintomas da paciente e o tamanho e localização do mioma. Se o risco for maior do que o benefício na retirada do tumor, torna-se mais conveniente adotar um tratamento conservador, ou seja, diminuir os sintomas com medicamentos e evitar a cirurgia. Escolhida a opção da miomectomia (remoção do tumor), é preferível, em muitos casos, o uso de análogos do GnRH durante um período variável de um a três meses para reduzir o tumor, facilitando a cirurgia e evitando sangramentos excessivos.[74]

A miomectomia é diferente de uma histerectomia. Enquanto a primeira envolve a remoção de um tumor, a segunda significa a total extração do útero. No entanto, a confusão é comum entre pacientes que se descobrem com miomas e uma dose de precaução se justifica. Como o principal objetivo cirúrgico é preservar as condições internas do útero, a miomectomia é sempre delicada e deve estar cercada de cuidados extras, antes, durante e após a cirurgia. São esses cuidados que impedirão a formação de aderências decorrentes de sangramentos que podem ser evitados. E são essas aderências que podem comprometer as funções reprodutivas e a saúde da mulher.[75]

A técnica de miomectomia pode necessitar procedimentos invasivos, pois exige um pequeno corte na área do abdômen, o qual deve ser suficiente para dar passagem ao instrumento cirúrgico que disseca e remove o mioma. A vagina é embebida em iodo porque dali podem subir bactérias capazes de contaminar o útero ou abdômen. A parede interna é irrigada com azul de metileno, o que permite ao médico distinguir a parte eventualmente afetada pela remoção cirúrgica e tratá-la. A incisão depende do tamanho e extensão do mioma.

Além da miomectomia e da traumática histerectomia, alguns miomas podem ser removidos por meio da histeroscopia. Essa técnica laparoscópica pode ser utilizada em tumores menores que se limitam à cavidade interna do útero.[76]

A plástica do útero

Após a retirada do mioma, o útero deve ser recomposto, ou seja, passar por uma espécie de cirurgia plástica. É especialmente do lado de dentro que a parede uterina machucada pela retirada do mioma deve ser recomposta sem ferir a anatomia do órgão. Na verdade, é uma plástica interna do útero.

Ferimentos no endométrio vão exigir também doses elevadas de estrogênio no pós operatório, para que o tecido se reconstitua rapidamente. Do lado de fora, a sutura pode deixar algumas marcas, mas não podem sobrar sangramentos que depois resultem em aderências: o útero pode simplesmente grudar no intestino, no ovário ou na gordura existente no interior da cavidade abdominal.

Sangramentos internos, mesmo que em doses pequeníssimas, também geram aderências graves e precisam ser neutralizados a todo custo. Para isto, após encerrada a cirurgia e retirada a esponja que está atrás do útero, o órgão é internamente banhado por um líquido gelatinoso constituído de macromoléculas. Elas são grandes demais para uma rápida absorção e enquanto os tecidos trabalham para digeri-las, os mínimos sangramentos ficam isolados pelo líquido e não fazem estragos.[77]

Os miomas internos

A técnica mais frequentemente empregada para a remoção de tumores internos é a histeroscopia. Miomas que se desenvolvem dentro da cavidade uterina são, ao mesmo tempo, os que mais comumente ameaçam o progresso da gravidez e os mais fáceis de remover, dependendo do tamanho. Na verdade, sua raiz ou pedúnculo brota da parede mediana do útero, chamada de miométrio, mas seu volume se projeta para a parte interna do órgão, invadindo o endométrio. Antigamente, esse tipo de mioma era retirado por curetagem. A preferência que hoje se dá à histeroscopia está na menor possibilidade de complicações pós-operatórias que essa técnica oferece. Como o objetivo é recuperar a anatomia da cavidade uterina, a remoção do mioma interno requer os cuidados da plástica do útero, que será maior ou menor dependendo da área comprometida pelo tumor.

A remoção cirúrgica de tumores internos é recomendada porque estes, ao crescerem alimentados pelos hormônios de uma gravidez, irão certamente disputar espaço com o bebê. Além disso, muitos deles funcionam como uma espécie de DIU natural.[78]

Os miomas do miométrio

Há miomas que não avançam muito além do músculo que forma a parede mediana do útero, mas crescem ali dentro, entre as paredes uterinas, podendo aumentar sua espessura e alterar a anatomia do órgão. Eles podem ser removidos ou não, dependendo de suas medidas, as quais serão investigadas por histerossalpingografia e ultra-som. Se o tumor tiver entre dois e três centímetros, é possível deixá-lo como está para não acrescentar ao tratamento de infertilidade o risco de uma complicação pós-operatória mais grave. Quando o mioma é maior que isso, a ponto de comprimir ou deformar a anatomia uterina, a miomectomia é recomendada.

O histórico da paciente também influencia a decisão médica pela extração ou não do mioma. Se a mulher já abortou pelo menos uma vez depois da décima semana de gravidez, o médico poderá optar por operá-la para evitar riscos em uma futura gestação, ainda que a histerossalpingografia mostre que a cavidade uterina não chega a estar comprometida pelo tumor.[79]

Os miomas externos

Tumores externos podem brotar do miométrio ou do perimétrio, a parede externa do útero. No entanto, o que diferencia esses tumores daqueles que ameaçam a gestação é o fato de crescerem para o lado de fora. Como a superfície interna do útero está livre de deformações, estes miomas só serão tratados cirurgicamente nos seguintes casos: quando a projeção externa alcança e pressiona outros órgãos do corpo; quando outras doenças exijam um tratamento cirúrgico na região do abdômen, permitindo ao médico também remover o tumor; ou em caso de cesariana. Fora dessas condições, não há necessidade de um tratamento tão invasivo, já que miomas externos benignos não são impedimentos para a gestação nem representam maiores riscos para a saúde. A opção cirúrgica para tumores externos é a miomectomia com incisão a partir do abdômen ou através de laparoscopia.[80]

Os miomas próximos às trompas

Este é outro quadro em que médico e paciente devem pensar duas vezes antes de optar por uma cirurgia. A extração de tumores situados muito próximos à saída das trompas sempre embute algum risco de danos a essas estruturas. Melhor seria evitar esse tipo de incisão. Na verdade, a remoção cirurgica só se torna relmente inevitável se o tumor for bilateral. Se uma trompa estiver saudável, portanto, não é necessário operar porque felizmente esse tipo de tumor não costuma interferir no que acontece dentro da cavidade uterina durante a gestação.[81]

Tratando a sinéquia

O mesmo procedimento para extração de miomas internos, a histeroscopia, é bastante utilizada para correções de aderências internas no útero, quando uma camada se cola com outra. Se as paredes do endométrio estão parcialmente presas, formando uma sinéquia, o uso do histeroscópio permite a observação interna e a localização da área de corte durante a cirurgia. Este tipo de tratamento cirúrgico exige outros procedimentos para que bons resultados sejam alcançados. No período pós-operatório, por exemplo, é recomendável o uso de estrogênio para que o endométrio se prolifere rapidamente. É a conduta mais utilizada atualmente, mas não costuma ser adotada isoladamente. Um procedimento comum é acrescentar ao estrogênio uma grande quantidade de corticóides para diminuir o processo aderencial. Além disso, há autores que defendem a colocação de um DIU para manter as paredes uterinas afastadas depois da cirurgia.[81]

Cirurgias da trompa

As cirurgias da trompa têm o objetivo de eliminar alguma obstrução que impeça a fecundação. Elas são sempre realizadas com anestesia peridural e sedação para dormir. O procedimento utilizado é a microcirurgia com pinças delicadíssimas. Basicamente, as cirurgias da trompa se dividem em três classificações, de acordo com a área onde se encontra a obstrução: a proximal, perto do útero; a média, onde se fazem as laqueaduras com possibilidade de reversão; e a distal, onde estão as fímbrias que recebem os óvulos das gônadas.

Para tratar obstruções na trompa, o primeiro passo é saber em que porção está localizado o problema. A observação é feita por histerossalpingografia e laparoscopia. Além de identificar o local da obstrução, o médico precisa saber quais são as condições gerais da trompa e a viabilidade de uma cirurgia.

Para que a reanastomose de trompas – ligação de dois segmentos tubários após a eliminação da obstrução – seja executada, é necessário que a obstrução não esteja localizada muito perto do útero. Além disso, para que a cirurgia dê resultado, é preciso que sobre pelo menos cinco centímetros de trompa. Quando a área da religadura é bem escolhida, a probablidade de resultado positivo é alta, pois chega a mais de 70%.[83]

A obstrução proximal

Se o bloqueio for próximo ao útero, a alternativa é realizar uma laparoscopia ou uma cirurgia e, com um cateter semelhante ao utilizado na anestesia peridural, inchar a trompa com um pouco de líquido, tomando cuidado para não danificá-la. Às vezes, a solução é retirar essa trompa e reimplantá-la em um processo bastante delicado: a trompa é removida, a obstrução é cortada e a parte saudável é religada ao útero em uma nova cavidade, aberta cirurgicamente por trás do órgão. Alguns anos atrás, essa cirurgia demorava várias horas. Hoje, ela pode ser feita em pouco mais de uma hora, mas o resultado é parcial. As chances de gravidez aumentam menos de 10%. Isto porque, ao ser reimplantada, a trompa perde alguns princípios sinérgicos que ajudam no trânsito do espermatozóide até o óvulo e que são, teoricamente, chamados de marcapasso tubário.[84]

Cirurgia na porção média

Os casos com melhor prognóstico são entupimentos na porção média, pois a trompa tem variações de diâmetro: do meio para as extremidades sua largura diminui. Durante a cirurgia, ao seccionar-se a parte obstruída, sobram dois pedaços para serem anexados um ao outro. Com diâmetros diferentes na área de corte, fica muito difícil a sutura das duas partes. Na região medial, no entanto, as medidas das duas partes a serem suturadas tendem a ser parecidas.[85]

A maioria das cirurgias bem-sucedidas de desobstrução de trompa são as realizadas para reverter a laqueadura, que normalmente é feita na porção média da trompa. O local onde a reversão de laqueadura foi executada e a quantidade de tecido retirado é que definirão o sucesso ou fracasso da reversão.

Para reverter uma laqueadura, primeiro é necessário realizar uma laparoscopia para ver se há condições para uma reanastomose. Se a laparoscopia apontar possilbilidades de sucesso, pode-se tentar a reanastomose por via laparoscópica ou parte-se para a cirurgia. No entanto, nem sempre é possível fazer a reversão porque a trompa pode estar muito curta ou aderida. Quando ela é seccionada na laqueadura, são dados um ponto em cada ponta da trompa e se faz um nó. No local dos pontos ocorre uma fibrose. Na religação, é necessário cortar alguns milímetros para retirá-la. Se a cirurgia for bem feita, o índice de sucesso é de 90%. Em média, o percentual de sucesso fica entre 60% e 70% das tentativas. Se a trompa não está em boas condições, a saída é partir para a fertilização *in vitro*.[86]

Há casos em que o casal insiste em fazer uma fertilização *in vitro* ainda que a mulher tenha todas as condições de fazer a religação das trompas e o processo não gere nenhum transtorno pós-cirúrgico. Aceitar a reanastomose, quando há boas chances de sucesso, é muito melhor do que partir para um método de reprodução assistida, pois em um único procedimento cirúrgico a probabilidade acumulada de gravidez é maior do que as chances individuais de cada FIV. Portanto, se a conduta for bem indicada, o casal tem acima de 70% de chances de gravidez com a reanastomese das trompas. A reversão da laqueadura, aliás, é a situação com melhor índice de resultados das cirurgias de trompa, visto que o órgão não está doente, mas apenas desligado.[87]

Cirurgias na parte distal

O que ocorre normalmente na parte distal é a chamada fimose da trompa: a partir de uma obstrução na ponta, ela se enche de secreção. Quando, na radiografia, a trompa se apresenta com o aspecto de uma salsicha, a cirurgia não é mais possível porque o seu interior pode estar todo comprometido. Mulheres com esse problema podem sentir dor forte, que costuma cessar de repente, e apresentam uma secreção na vagina, conhecida como hidrorreia. O que ocorre é que a trompa se contrai provocando a dor, e quando a secreção é expulsa, há a imediata sensação de bem estar. Quando a parte interna da trompa não está comprometida – o que é muito raro – e há a possibilidade de gravidez por meio do órgão, a paciente pode ser tratada através de uma fimbrioplastia. Caso a trompa esteja debilitada em seu interior, não há porque mantê-la e o melhor é retirá-la e optar pela fertilização *in vitro*.[88]

13

O Aborto de repetição

QUANDO OS ABORTOS – que por definição ocorrem até a vigésima semana de gestação – se repetem em mais de uma gestação, o médico pode suspeitar daquilo que se chama de aborto de repetição. O critério aceito é de que a mulher que sofreu dois abortos recorrentes, sem ter tido uma gravidez de sucesso entre eles, sofre de aborto de repetição. Tal situação corresponde a cerca de 0,5% a 1% das mulheres.[89] Em última análise, o aborto de repetição não é uma causa da infertilidade. Na prática, no entanto, é uma forma de manifestação da doença, na medida em que impede o casal de ter filhos.

A possibilidade de novos abortos é progressiva para quem apresenta um quadro de aborto repetitivo. Após a primeira perda, a mulher tem 11% de riscos de sofrer uma segunda perda. Se houver outra, as chances para a terceira são de 16%. As possibilidades aumentam depois para 25% para a ocorrência do quarto abortamento, 45% para o quinto e 54% para o sexto. Para mulheres acima de 35 anos o risco aumenta em 10%.[90] Este aumento progressivo da possibilidade de aborto é uma das razões pelas quais o aborto de repetição não deve ser menosprezado, mas, pelo contrário, deve ser estudado de perto. Este capítulo dedica-se a analisar o aborto de repetição, explicando suas causas e apresentando os tratamentos que a medicina oferece para este complexo problema.

O diagnóstico do aborto de repetição

A avaliação das mulheres em situação de abortamento repetitivo inclui diversos exames para detectar as causas. Fazem-se testes hormonais, genéticos, histerossalpingografia, biópsia de endométrio, exames infecciosos, reações imunológicos e culturas das mais diversas para se verificar se há alguma infecção.

Quando não há confirmação médica e a suposta perda ocorreu pela primeira vez e no primeiro trimestre, as chances dessa mulher ter realmente passado por uma gravidez seguida de abortamento são baixas (de 15% a 20%). É por isso que geralmente não há um exame rigoroso das condições dessa primeira perda. Como as chances de o evento se repetir uma segunda vez variam em torno de 11%, não é rotina e não há indicação médica para que se faça uma investigação mais complexa.

Há, no entanto, casos especiais, como certas pacientes que se sentem tomadas por uma dor psíquica de tamanha intensidade que a possibilidade de passar por nova perda é inadmissível. Nesse casos, não é a indicação médica, mas o sofrimento da paciente que determina a necessidade dessa avaliação mais detalhada.

As causas do aborto de repetição

Com todos os exames médicos e laboratoriais propostos, a medicina consegue fornecer pistas para identificar e tratar aproximadamente 50% dos casos de aborto de repetição. O motivo mais frequente têm raízes na genética, pois a maioria dos casos pode ser atribuída à má evolução do acoplamento genético, ou seja do acasalamento dos 23 cromossomos do espermatozóide com os 23 cromossomos do óvulo que permitirá o surgimento do embrião. Normalmente essa dificuldade está relacionada à diminuição ou aumento da quantidade de cromossomos no embrião. Um exemplo de desordem associada aos cromossomos é a triploidia, que ocorre quando dois espermatozóides penetram o óvulo, somando 69 cromossomos em lugar dos 46 regulares, criando desse modo situações incompatíveis com a vida segundo os códigos do organismo.[91]

O rastreamento de doenças endocrinológicas no organismo da mulher que apresenta abortos recorrentes também pode ajudar a explicar algumas dessas perdas sucessivas. A presença de diabetes ou crises de hipoglicemia no início da gestação também pode desencadear processos que levam ao abortamento.[92] Por isso, nutricionistas, clínicos gerais, endocrinologistas, ginecologistas e esterileutas aconselham as mulheres com essas disfunções a engravidar apenas se os níveis de glicemia estiverem controlados e sob monitoramento do especialista.

A investigação de todas as possibilidades aumenta as chances de um diagnóstico mais preciso. A descoberta de que problemas genéticos e diabetes podem estar associados aos casos de abortamento habitual veio retirar a carga de responsabilidade atribuída durante muitos anos aos distúrbios da glândula tireóide, classificada anteriormente como a principal agente dessas perdas sucessivas. Consequentemente, ministravam-se doses de hormônios tireoidianos para tentar controlar o problema. Com os avanços da medicina, verificou-se que há diversas outras causas, levando à diversificação dos tratamentos e maiores chances de sucesso.[93]

Entre as outras causas do abortamento habitual que foram descobertas ao longo do desenvolvimento da medicina estão as doenças autoimunes, como o lupus. Além disso, compõem o rol de possibilidades os problemas congênitos cardíacos, pois estes podem prejudicar a capacidade de oxigenação da gestante e do feto. Alguns casos de insuficiência do corpo lúteo também podem se desdobrar em abortamento habitual.[94]

Algumas pacientes ainda apresentam anticorpos antifosfolípides alterados, o que significa que ainda poderão manifestar alguma doença imunológica ou reumatológica e que o primeiro sintoma é o aborto de repetição. Esta síndrome é conhecida como Síndrome Antifosfolípide.[95]

Certas infecções bacterianas também têm capacidade de levar ao abortamento no início da gestação, a exemplo dos microorganismos m*ycoplasma* e *ureaplasma urealytico,* entre outros.[96] O mesmo não se pode dizer sobre a maioria das doenças virais (como a rubéola, herpes e citomegalovirus), que, embora exerçam papel importante nos casos de abortamento durante o período inicial da gravidez e até em casos de má-formação congênita, não são fatores diretamente responsáveis pelos casos de perdas repetidas. Da mesma forma, dificuldades relacionadas com o fator Rh nada têm a ver com os casos de abortamento habitual.

Cerca de 10% a 20% dos casos de abortos de repetição são devidos a problemas anatômicos, ou seja, malformações do útero. Quando os abortamentos ocorrem no segundo trimestre, são essas as causas que prevalecem. Do grupo de mulheres com problemas anatômicos, fazem parte aquelas com alterações obtidas após curetagens ou outros procedimentos cirúrgicos no útero.

Nessas situações, diminui muito a cavidade uterina, o que atrapalha a permanência do feto e pode culminar com a sua expulsão.[97]

Por fim, a incompetência istmo cervical é outra causa anatômica do aborto repetitivo. Situado no final do colo do útero, o istmo é uma musculatura que funciona como uma válvula. Quando perde o tônus, o istmo se abre à medida que o bebê vai ganhando peso. O histórico das perdas dessas mulheres acometidas pela incompetência istmo cervical geralmente aponta um episódio de abortamento aos cinco meses de gestação, depois outro aos quatro meses, por exemplo, revelando que a cada dilatação o colo fica mais flácido, situação observada com clareza em radiografias. A correção é efetuada por meio de uma cirurgia chamada circlagem: o médico dá pontos cirúrgicos para diminuir o diâmetro do colo do útero, impedindo que continue se dilatando ainda mais.

Outro suspeito de reduzir a área reservada ao bebê é o mioma. Entretanto, esta é uma hipótese que precisa ser muito bem avaliada, pois a existência desses tumores benignos no revestimento interno ou externo do útero, por si só, não os torna causadores do abortamento repetitivo. E há casos em que atribuir de imediato o distúrbio aos miomas acaba omitindo as verdadeiras causas. Normalmente, suspeita-se desse tipo de problema quando a perda ocorre após doze semanas de gestação. As outras causas – genética, imunológica ou endócrina – em geral causam perdas em fases anteriores à 12ª semana. Isso ocorre porque, no primeiro trimestre, o crescimento do embrião é muito lento. Ele está em fase de formação. No segundo trimestre, estará crescendo e no terceiro trimestre irá engordar. Um bebê nascido com seis meses de vida intrauterina tem um bom tamanho, mas é bastante magro.[98]

Além dos riscos mencionados, existem comportamentos que aumentam as chances de perda repetida. Talvez o mais grave deles seja o consumo constante ou periódico de substâncias reconhecidamente tóxicas ao organismo, legalizadas ou não. A cocaína, por exemplo, têm lugar destacado entre esses agentes desestabilizantes da gestação tranquila não apenas pelos efeitos tóxicos, mas também por seu efeito vasoconstritor, o que atrapalha a circulação sanguínea.[99] Acima de duas doses por dia, as bebidas alcoólicas também passam a duplicar as chances de abortamento habitual.[100] Evidentemente, o cigarro pertence a esta seleção de substâncias nocivas. Fumar mais do que dez cigarros por dia eleva as chances globais de abortar em 1,7 vezes.[101]

O tratamento do aborto de repetição

Devido à grande variedade de causas do aborto repetitivo, há inúmeras formas de se tratar o problema e o diagnóstico ganha uma importância ainda maior do que normalmente já tem. Aliás, um diagnóstico correto das causas do aborto repetitivo permite muitas um tratamento específico, eliminando a necessidade de se manter alguma espécie de terapia durante a gravidez.

Nos casos de má formação congênita uterina, sinéquias ou miomas, o tratamento cirúrgico é realizado, visando aumentar o tamanho da cavidade uterina.

Os hormônios também devem ser usados se houver diagnóstico confirmado de doenças endócrinas tais como hipotiroidismo, diabetes, insuficiência do corpo lúteo. Nos casos de hipotiroidismo, o uso de tiroxina é necessário para a compensação do quadro metabólico, enquanto ajustar a dose de insulina em pacientes diabéticas é fundamental para o bom desenvolvimento do embrião e para a amanutenção da gestação. Já nos casos de insuficiência luteal, a reposição hormonal com progesterona administrada tanto na forma oleosa intramuscular como na forma de supositórios vaginais é de extrema valia.

Uma das alternativas diminuir as chances de abortamento repetitivo na Síndrome Antifosfolípide, associada a reações autoimunes, é o uso de anticoagulantes. Este medicamento tem a capacidade de diminuir a trombose placentária.

Um tratamento curioso para tentar prevenir o abortamento habitual é utilizado nos casos em que as investigações clínicas e laboratoriais não identificam nenhuma causa para o problema. Trata-se de uma espécie de vacina antiabortamento, preparada com os linfócitos (glóbulos brancos) do marido. Eles são injetados, aos poucos, no organismo da mulher para que o sistema imunológico passe a entender que essas substâncias, no caso proteínas, fazem parte daquele corpo. Desse modo, o sistema imunológico não liberaria uma série de anticorpos para destruir o embrião, pois metade do embrião provém do marido. Teoricamente, a ideia é inteligente: se metade do embrião é do marido, porque não agregar as proteínas do parceiro ao repertório admitido pelo corpo da mulher? Entretanto, após mais de uma década de uso, os estudos populacionais não evidenciaram diferenças importantes entre as mulheres vacinadas e as não vacinadas na prevenção do aborto de repetição.[102]

O aborto precoce

Em geral, os abortamentos acontecem no primeiro trimestre. Algumas mulheres inclusive nem percebem que são abortadoras habituais porque seus abortos acontecem tão rapidamente que o ciclo menstrual quase não se modifica. É o chamado aborto precoce, que nem sempre está relacionado a um quadro de aborto de repetição. Ou seja, ele também pode ocorrer esporadicamente.

Existem trabalhos mostrando que até 60% das mulheres expostas às chances de gravidez podem abortar no primeiro mês. Uma pesquisa americana no final dos anos 80 acompanhou mulheres voluntárias em idade fértil e com relações sexuais frequentes. Toda vez que menstruavam, o especialista analisava uma amostra do sangue para saber se havia ocorrido algum tipo de alteração gravídica durante aquele ciclo. Chegou a um índice de 35% de gravidez com aborto.

Entre as causas do aborto precoce está a endometriose, que causa a insuficiência do corpo lúteo e, em alguns casos, interfere na atividade do folículo após a expulsão do óvulo. Na realidade, o que ocorre nesses casos é que o corpo lúteo não se sustenta para produzir a progesterona na quantidade e pelo tempo necessários para luteinizar o útero e manter o embrião. As mulheres com essa deficiência engravidam normalmente, mas abortam tão depressa que nem se dão conta de que engravidaram. Um sintoma que também acaba passando despercebido é o adiantamento ou atraso da menstruação em um ou dois dias. Na verdade, pode não ser menstruação, mas um aborto precoce.

Parte III:

A Infertilidade Masculina

14

As causas masculinas de infertilidade

A PRESENÇA DE POUCOS ESPERMATOZÓIDES em uma amostra de sêmen indica um quadro chamado de oligoespermia. O homem ejacula e geralmente tem orgasmo, mas não produz a quantidade de gametas adequada para a fertilização natural. Dificilmente o espermograma aponta uma oligospermia separada de uma astenospermia, ou seja, de uma baixa motilidade dos espermatozóides. Quando os exames apontam apenas a baixa motilidade, no entanto, é grande a possibilidade de que existam processos infecciosos no aparelho genital masculino.[1]

Embora alguns casos de infecção possam ser resolvidos com a simples administração de antibióticos, vários outros distúrbios relacionados com o espermatozóide não respondem a medicamentos de forma tão eficaz. Quando há baixa quantidade de gametas no sêmen, por exemplo, o aumento de espermatozóides que se verifica após um período de tratamento por medicamentos não corresponde a um aumento das taxas de gravidez. É um dado estatístico ainda a ser desvendado.[2] Felizmente, hoje em dia, técnicas mais avançadas de reprodução assistida – ainda que um pouco mais invasivas – conseguem contornar causas masculinas de infertilidade quando estas driblam o efeito de medicamentos.[3]

O objetivo deste capítulo é analisar as doenças do trato genital masculino, que, conforme acabamos de observar, têm variações e aspectos diferenciados.

Infecções e doenças sexualmente transmissíveis

Antes de virar uma mistura só, chamada de sêmen, o líquido seminal e os espermatozóides vêm de regiões diferentes do trato genital masculino. O primeiro, produzido na próstata e nas vesículas seminais, é cheio de nutrientes para alimentar os gametas. Estes, por sua vez, nascem e crescem nos testículos, as glândulas reprodutoras masculinas que equivalem aos ovários femininos. Depois de formado, o espermatozóide ainda percorre um caminho sem a presença de líquido seminal no canal deferente. Na ejaculação, a próstata e a vesícula seminal se contraem e expulsam o líquido seminal que produziu. Ao passar pela uretra, mistura-se aos espermatozóides, conduzindo-os ao exterior.

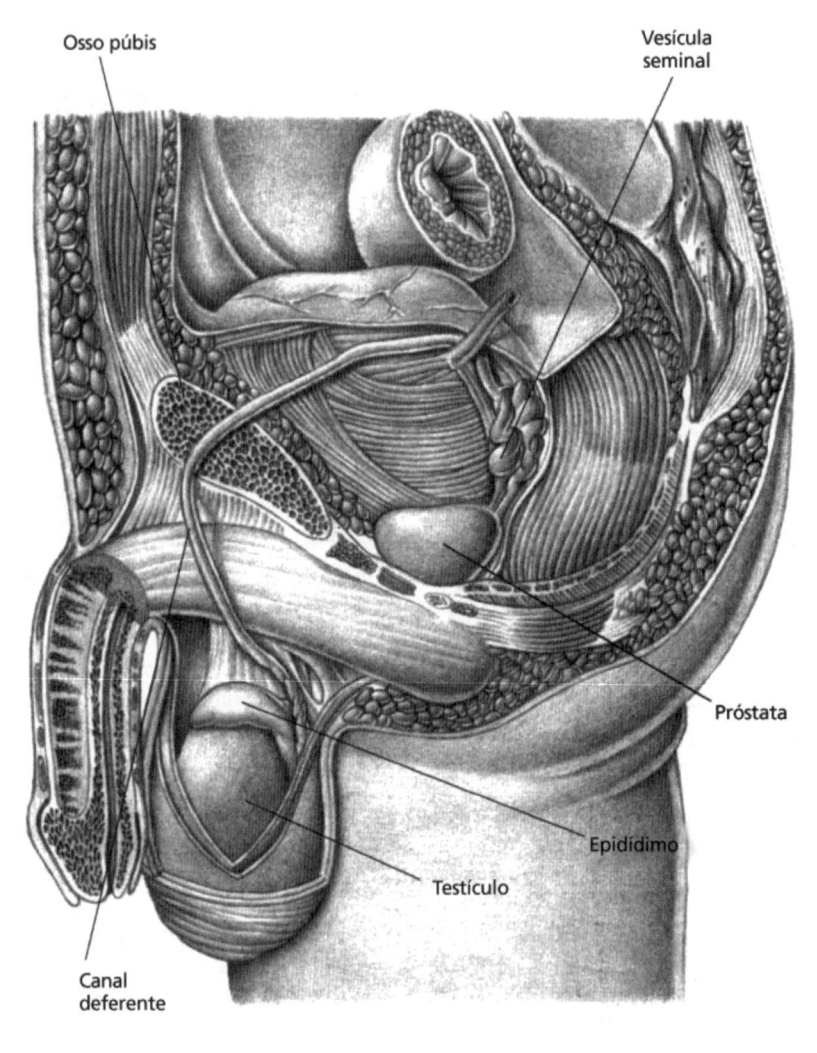

O aparelho reprodutor masculino

O líquido seminal, portanto, precisa estar sempre sadio, sem bactérias ou processos inflamatórios ao seu redor. Quando uma infecção se aloja na próstata ou nas vesículas seminais, todo o veículo de condução dos gametas fica contaminado ou prejudicado. Se não são as próprias bactérias, são os glóbulos brancos produzidos pelo organismo para combatê-las que deixam o líquido inadequado para conduzir os espermatozóides.

As infecções normalmente acontecem de maneira ascendente, ou seja, a bactéria pode entrar pela uretra e subir, alcançando áreas internas. É a forma mais comum de contaminação dos órgãos genitais masculinos. Entre as bactérias causadoras de infecções no aparelho reprodutor, está a *Clamydia Tracomatis*, que é bastante comum e perigosa. Sorrateira e silenciosa, ela não apresenta sintomas significativos nem no homem nem na mulher, mas causa muitos estragos em ambos. Outro exemplo de infecção grave é a gonorreia masculina (*Neisseria Gonorrea*) que, embora muitas vezes não apresente sintomas na mulher, é sempre sintomática para o homem e exige que se vá ao médico rapidamente. O *Stafilococcus Aureus* é outra bactéria importante, pois tem influência significativa nas infecções testiculares.

Muitas infecções também são provocadas pelas bactérias gran negativas, que habitam o aparelho digestivo e são transmitidas durante o coito anal. As estatísticas de infecções masculinas por contaminação apontam, em primeiro lugar, para homens que não usaram preservativos em relações sexuais. Em segundo lugar, vêm aqueles que estavam imunologicamente comprometidos ou alcoolizados durante o coito, enquanto que aqueles que praticaram coito anal ocupam a terceira posição.

A relação entre infecções já superadas e infertilidade pode ser sutil. Bem tratadas, as infecções podem desaparecer totalmente sem maiores consequências. No entanto, também é possível que deixem sequelas. Esta possibilidade deve ser sempre considerada, uma vez que as infecções estão entre as causas frequentes de impedimentos para uma gravidez. Um pequeno comprometimento que ficou para trás após o tratamento por antibióticos pode ser a explicação para a baixa atividade de um dos testículos. Em tese, em um caso assim, a produção de espermatozóides do outro testículo garante as condições reprodutivas. Se, no entanto, a parceira também apresenta pequenos comprometimentos, como um muco pouco receptivo à passagem dos gametas, por exemplo, a somatória de características do casal resulta em um quadro de subfertilidade.

DIÁRIO DE UM ESTERILEUTA 14:

Espermatozóides preguiçosos

Adriana e Gelson eram ainda bem jovens quando chegaram pela primeira vez ao meu consultório. Ambos com menos de 25 anos, já estavam às voltas com o dilema da infertilidade e não conseguiam uma explicação para o seu problema. Teríamos que desvendar a origem de uma disfunção que aparecia no espermograma de Gelson. Tudo –inclusive o exame para detectar eventual infecção – se apresentava normal, menos a motilidade dos espermatozóides. Embora em quantidade suficiente e com aspecto considerado adequado para uma fecundação, eles se mostravam bastante "preguiçosos": se movimentavam com lentidão, como se estivessem pesados demais para manter a necessária desenvoltura ao percorrer o líquido seminal. Consequentemente, não conseguiam vencer a distância até o óvulo.

Muito apegado à sua opção por um estilo de vida naturalista, o casal tinha um certo pavor de submeter-se a exames e procedimentos médicos. E como protestavam! Uma simples picada para coleta de amostra de sangue lhes parecia invasiva demais para se encaixar em sua filosofia de vida. Difícil, naquela circunstância, seria convencer o casal de que Gelson deveria tomar antibióticos por cerca de quinze dias. Era o que eu tinha em mente, depois de muita investigação. Tudo sugeria uma infecção, embora nada tivesse sido detectado pelos exames, e eu estava animado com a possibilidade de resolver aquele caso apenas com remédios por via oral. Afinal, dessa forma, poderiam ter a gravidez da forma como sonhavam: por meios totalmente naturais.

Mas como foi dramático para aqueles dois jovens abrir uma exceção em seu estilo de vida e aceitar os tais remedinhos! "Antibióticos são uma violência", protestaram, não aceitando a ideia a princípio. No entanto, passadas algumas semanas e considerando que o desejo de ter um bebê merecia o sacrifício, Gelson iniciou o tratamento. Três meses depois já estava curado. Para sua surpresa, os espermatozóides, livres de bactérias, recuperaram a motilidade e a gravidez de Adriana veio logo em seguida.

Outras sequelas de infecções e DST podem ser mais graves, causando, por exemplo, alterações no espermatozóide, mudanças na acidez do líquido seminal, obstruções no canal deferente e até azoospermia, condição caracterizada pela ausência de produção de espermatozóides.

Infecções nos testículos

Até poucas décadas atrás, ainda não se podia afirmar com certeza que certas bactérias poderiam pegar "carona" na cauda do espermatozóide. No entanto, na medida em que aumentaram os recursos de laboratório para investigar a qualidade do sêmen, surgiram melhores explicações para as causas masculinas de infertilidade e, entre elas, a constatação do fenômeno do espermatozóide aparentemente preguiçoso como consequência de certas infecções. Vindas de certos tipos de infecção nos testículos, algumas bactérias parasitam as células reprodutivas e se tornam um grande peso extra que os gametas são obrigados a carregar. Nos homens que apresentam a doença, o resultado é uma grande dificuldade de movimentação por parte dos espermatozóides.[4]

O diagnóstico de bactérias que parasitam a cauda dos gametas masculinos, no entanto, é sempre animador, pois o caso pode ser resolvido apenas com remédios antibióticos administrados por via oral.[5]

A ausência de produção de espermatozóides também se explica, em muitos casos, por infecções localizadas nos testículos ou no epidímimo, que é uma espécie de bolsa que fica sobre essas gônadas masculinas. Só a inflamação causada pela ação das bactérias diminui a quantidade de oxigênio da área e não se pode esquecer que os espermatozóides são células vivas que precisam de oxigênio para sobreviver. Infectados, os testículos também aumentam de

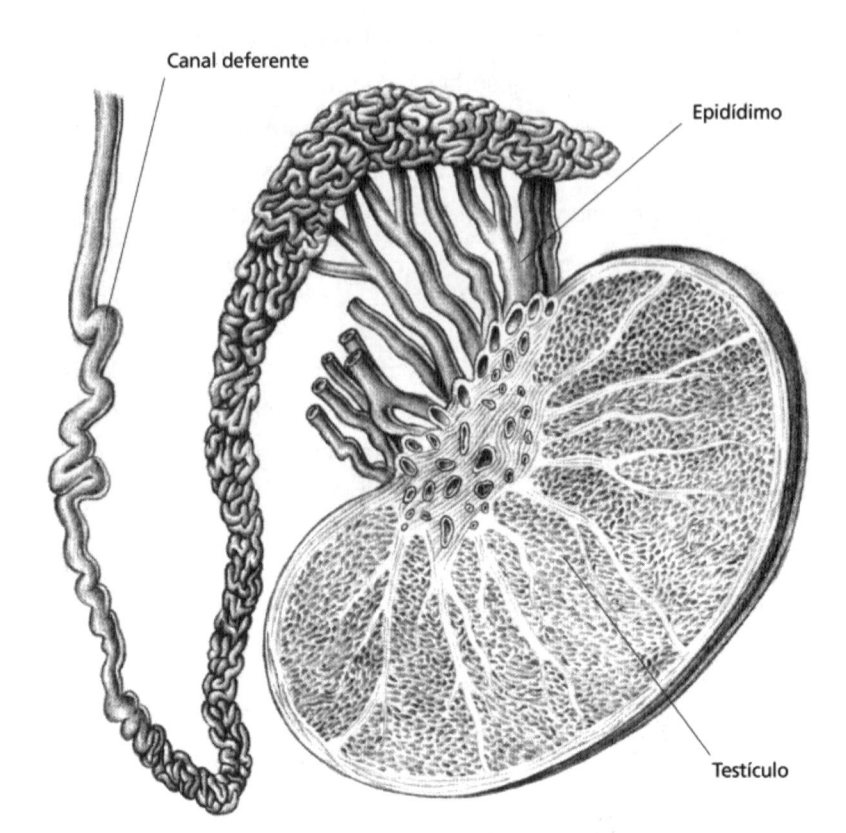

Visão do testículo em corte transversal

tamanho e podem apresentar uma quadro que iniba o processo de produção de gametas. A caxumba é um exemplo disso.

Variações na acidez do líquido seminal

O pH natural do sêmen gira em torno de 7 a 8. Mas qualquer inflamação pode alterar esse equilíbrio. Quando a próstata está inflamada caracterizando uma prostatite, ela deixa de produzir uma enzima chamada fosfatase ácida e o pH aumenta. Quando o problema está nas vesículas seminais – a chamada vesiculite –, o que baixa é a produção da fosfatase alcalina, provocando a queda do

DIÁRIO DE UM ESTERILEUTA 15:

Água com açúcar

"Já sei que tenho poucos espermatozóides, porque não sai muito líquido na ejaculação", disse Antônio Luiz em sua primeira consulta. Estava com certo receio de que a amostra para o espermograma não fosse suficiente. "Se houver um tratamento para aumentar meu sêmen, eu gostaria de tentar antes", sugeriu. Célia, sua mulher, já tinha um filho do primeiro casamento. Isso fazia o casal supor que nada havia de errado com ela. Mas será que Antônio Luiz tinha mesmo um problema por causa do pouco sêmen?

Na verdade, não. Costumo usar uma imagem simples mas que se torna importante para a compreensão das doenças que se relacionam com a fertilidade do sêmen. Se pensarmos em um copo de água com açúcar, o líquido seminal, que sai durante a ejaculação, seria a água. Os espermatozóides ou gametas masculinos, que são carregados por esse líquido, seriam os grãozinhos de açúcar diluídos. Portanto, pouco líquido seminal não significa uma baixa contagem de espermatozóides necessariamente, pois eles podem simplesmente estar mais concentrados. Na realidade, as doenças relacionadas com a qualidade do sêmen podem estar na fabricação ou no transporte de seus dois componentes: líquido seminal e espermatozóides.

De fato, descobrimos mais tarde que Antônio Luiz tinha um problema de transporte: excesso de acidez no líquido seminal decorrente de uma inflamação acentuada na próstata. Após um tratamento clínico que resolveu o processo inflamatório, Antônio Luiz e Célia tiveram seu bebê por fertilização *in vitro*. O tratamento, aliás, foi imprescindível para o sucesso do atendimento, porque tentar algum procedimento de fertilização *in vitro* correndo o risco de usar sêmen infectado seria jogar fora uma oportunidade e submeter o casal a um estresse que poderia ser evitado pela eliminação prévia de riscos.

pH.⁶ Nos dois casos, redução ou excesso de acidez, o ambiente torna-se inadequado para a sobrevivência do espermatozóide.

Obstruções do canal deferente

O cordão espermático, ligação entre os testículos e a cavidade abdominal, é formado por uma veia, uma artéria e o canal deferente. A vasectomia é feita exatamente no canal deferente, criando uma obstrução proposital para impedir a passagem dos espermatozóides. De forma semelhante, doenças sexualmente transmissíveis e processos inflamatórios também podem deixar sequelas que se transformam em barreiras.

Até chegar à extremidade da uretra, o canal deferente faz uma volta, passando por trás da bexiga. Ao longo desse caminho as bactérias podem se multiplicar e deixar suas marcas, como uma obstrução no canal deferente. Um quadro desse tipo equivaleria a uma trompa entupida na mulher. Além das doenças sexualmente transmissíveis e das infecções, sequelas de cirurgias pélvicas ou inguinais também podem causar obstruções no canal deferente. Seja qual for a origem da obstrução, as células reprodutivas não conseguirão chegar ao seu destino nem misturar-se ao líquido seminal, ainda que os espermatozóides sejam de ótima qualidade.⁷

A obstrução pode ser grave a ponto de não ser possível resolvê-la nem com uma cirurgia de recanalização. Neste caso, resta a possibilidade de se retirar os espermatozóides diretamente da parte superior dos testículos, com uso de uma agulha e realizar a fecundação do óvulo por meio da micromanipulação.⁸

A varicocele

Os espermatozóides exigem uma temperatura de 35 graus centígrados para sobreviver. Por isso, há mecanismos naturais para manter os testículos na temperatura certa. Normalmente, eles ficam um pouco projetados para fora da cavidade abdominal, onde o calor costuma ser menor do que os habituais 37 graus da parte interna dessa região do corpo. Basta que a temperatura externa caia abaixo de 35 graus, no entanto, para que o corpo comece a agir. Nesse

DIÁRIO DE UM ESTERILEUTA 16:

Prevenir nem sempre é possível

Sérgio e Isabel tiveram uma menina depois de um tratamento que restituiu à qualidade do sêmen. Foi uma intervenção cirúrgica para eliminar uma varicocele, inflamação que estava provocando a perda de espermatozóides por aquecimento excessivo do canal espermático. Ao trazer Sofia, já com três meses, para uma visita, Sérgio falou de como tinha se sentido mal por deixar a doença evoluir a ponto de precisar de uma operação. Perguntou então como poderia ter prevenido a varicocele. "Acho que não havia como prevenir", respondi.

Eis aí uma doença que não resulta da falta de cuidado com a saúde, mas de um enorme esforço humano durante o seu processo evolutivo.

---

caso, a musculatura se contrai e aproxima os testículos para dentro da cavidade abdominal, compensando a perda de calor. É por isso que a pele da bolsa escrotal fica encolhida quando está frio e relaxa quando há calor. Entretanto, esse mecanismo de controle tem um limite. Se a temperatura externa estiver acima de 35 centígrados, seja por fatores ambientais, por processos inflamatórios ou varicocele, a natureza não tem como resfriar e proteger os testículos. A temperatura elevada começa então a destruir os espermatozóides, levando à oligoastenoespermia, uma baixa generalizada na quantidade e na motilidade dos espermatozóides. Um grau centígrado a mais por um período de alguns anos já deixa os gametas masculinos bastante danificados.[9]

A varicocele nada mais é do que um conjunto de veias dilatadas no testículo. Cerca de 65% dos homens apresentam a doença, mas apenas 10% a 15% deles desenvolvem problemas de infertilidade. O problema também pode ser chamado de varizes e está relacionado à própria evolução da humanidade. Os ancestrais do homem andavam como os quadrúpedes. Portanto, todo o seu sistema circulatório foi se adaptando às mudanças milenares pelas quais ele passou até caminhar sobre duas pernas. Enquanto se esforçava para tornar-se um bípede, algumas funções vasculares passaram a sofrer uma pressão hidrostática muito maior, herança que perdura até hoje. A pressão diferenciada provoca, em muitos homens, um represamento de sangue – as varizes – na veia espermática, o que aumenta a temperatura local, levando à oligoastenoespermia. Varicoceles geralmente acontecem mais do lado esquerdo devido à própria anatomia humana. Desse lado, a veia espermática desemboca na veia renal e forma um ângulo de 90 graus. Do lado direito, a ligação é com a veia cava, em um ângulo 45 graus, o que exigiu menor adaptação à nova postura.[10]

A febre ambiental

Um fato preocupante tem chamado a atenção nos úlltimos anos. Os homens, de maneira geral, estão produzindo cerca de 10% menos espermatozóides do que há algumas poucas décadas.[11] Supõe-se que uma das causas seja a febre ambiental, termo usado para explicar o aumento da temperatura junto aos órgãos sexuais masculinos. Com efeito semelhante ao da varicocele, a febre ambiental danifica os espermatozóides pelo calor e sua incidência tem sido cada vez maior na explicação das causas masculinas de infertilidade.

Ao contrário da varicocele, no entanto, a febre ambiental se caracteriza por causas externas ao organismo. Muitas vezes ela ocorre em decorrência da proximidade a fontes de calor durante o trabalho – como acontece com os motoristas de ônibus – ou do uso de cuecas de tecido sintético e de calças muito apertadas. Assentos de automóveis, bancos de plástico e roupas pouco permeáveis também podem aumentar o calor na região dos testículos e levar à oligoespermia.

Além da febre ambiental, a poluição ambiental e radioativa também estão contribuindo para o fenômeno de diminuição da produção de espermatozóides.[12] Outra causa que também parece contribuir para as estatísticas desse problema é o estresse.[13] No entanto, até encontrar explicações seguras para

---

DIÁRIO DE UM ESTERILEUTA 17:

No calor do motor

Júlio tornou-se motorista de ônibus quando mal tinha acabado de completar a maioridade. Casou-se bem depois, com 29 anos. Quando chegou aos 34, achava que nunca poderia ter filhos. Veio com sua esposa Sônia, que já há algum tempo ouvira falar de um serviço médico em São Paulo destinado a atender casais inférteis no Hospital Brigadeiro. O espermograma de Júlio não deixava dúvidas de que a causa era masculina: baixa quantidade, baixa velocidade. Embora o resultado fosse muito parecido com o de uma varicocele, não se tratava disso.

"Como é seu trabalho", perguntei.

"É o dia todo ao lado de um motor desses ônibus antigos, que me faz suar de calor. A roupa cola no banco de plástico, mas é essa minha profissão e já estou acostumado", respondeu.

Não foi preciso investigar muito para saber que o problema era sério e que as condições de trabalho estavam roubando a fertilidade daquele paciente, caracterizando um quadro definido como febre ambiental.

---

esta diminuição generalizada da produção de gametas masculinos, a pesquisa médica ainda tem muito que avançar.

A retroejaculação

Há homens que não conseguem passar por uma etapa importante do orgasmo: a contração da próstata. O líquido é produzido mas não é liberado, refluindo para a bexiga. É este o quadro da retroejaculação.

152   A INFERTILIDADE MASCULINA

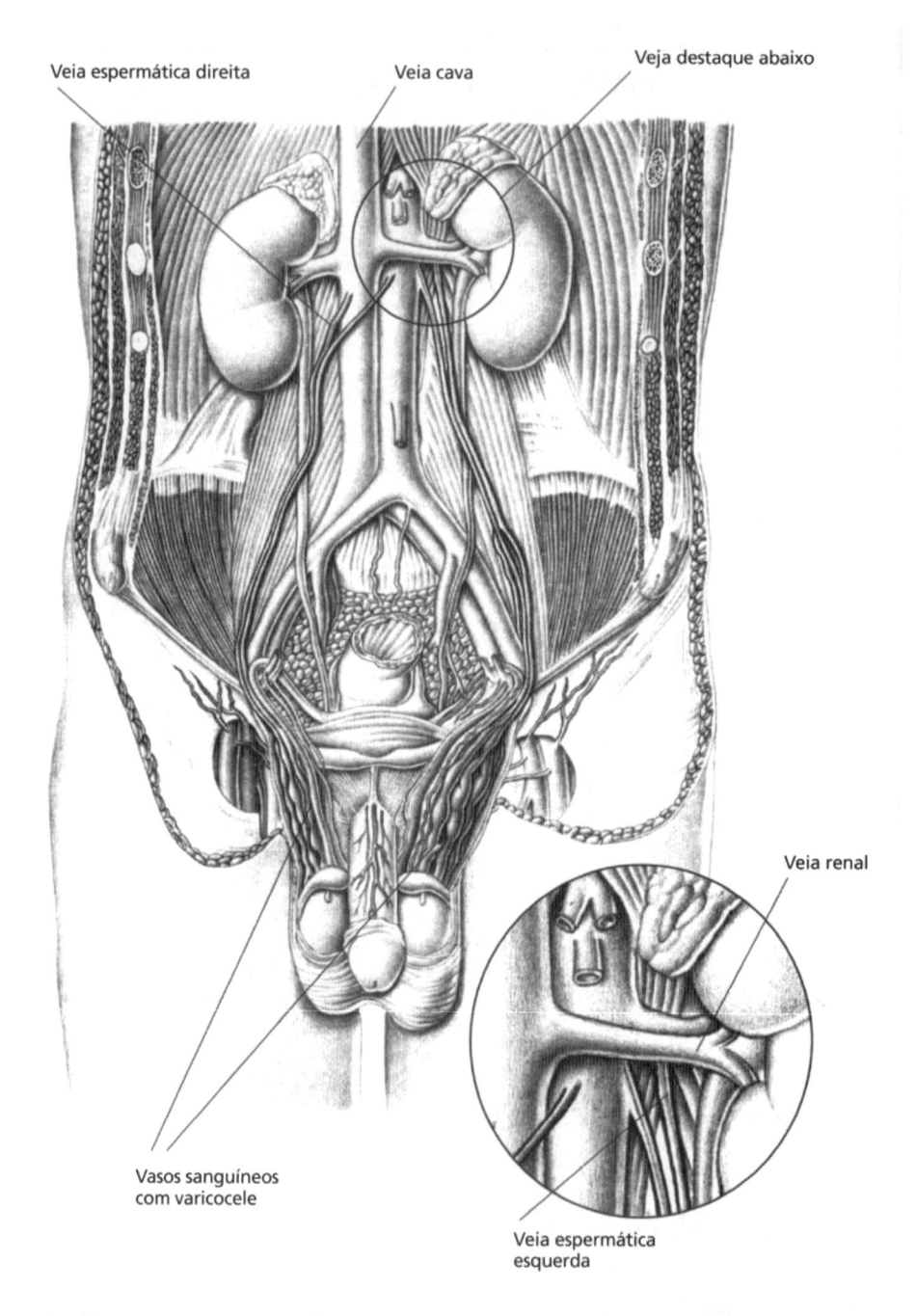

Veia espermática direita
Veia cava
Veja destaque abaixo
Veia renal
Vasos sanguíneos com varicocele
Veia espermática esquerda

No destaque, a veia espermática forma um ângulo de 90 graus com a veia renal, causando uma maior pressão hidrostática e favorecendo o surgimento da varicocele

A retroejaculação é um fenômeno bioquímico que resulta em impedimentos reprodutivos. Sua causa mais comum é o uso de alguns medicamentos antihipertensivos e antidepressivos, além do próprio diabetes. Para se ejacular, é necessário que haja uma descarga de adrenalina e certos medicamentos inibem tal ação do organismo. Homens tetraplégicos também apresentam uma disfunção parecida, mas por razões neurológicas.

Os casos de retroejaculação não são tão raros. Do ponto de vista da fertilidade, é uma doença cujo tratamento permite o uso de técnicas alternativas. Se o sêmen é conduzido para a bexiga, basta que este órgão esteja vazio e sua acidez interna seja reduzida, o que pode ser feito com uma dose de bicarbonato de sódio administrada por via oral. Então, após um processo de masturbação, será possível ao homem expelir o sêmen pela uretra e a amostra será lavada e tratada para utilização em uma inseminação artificial.[14]

A azoospermia

A azoospermia, ou ausência total de espermatozóides, é uma doença que só pode ser diagnosticada depois de um espermograma. O homem tem ejaculação, orgasmo, prazer, mas não há espermatozóides dentro do líquido que produz. A azoospermia pode ser de dois tipos: de produção ou decorrente de fatores obstrutivos. No primeiro caso, existe algum problema no testículo, provavelmente de origem genética ou hormonal, prejudicando suas funções. No segundo caso, os gametas são produzidos, mas ficam bloqueados, caracterizando o caso de bloqueio do canal deferente já abordado acima.

Outras causas da infertilidade masculina

Casos em que a produção de espermatozóides é afetada por problemas hormonais giram em torno de 1% das ocorrências. Em geral, decorrem da produção insuficiente de hormônios hipofisários, produzidos no cérebro, ou de hormônios testiculares. Para se fazer um diagnóstico seguro da alteração hormonal são necessários dosagens desses hormônios e muitas vezes testes com hormônios facilitadores para que se chegue a um dignóstico final.

Entre as causas de má qualidade do sêmen, há algumas curiosas. Certas substâncias quando ingeridas frequentemente podem contribuir para a diminuição dos espermatozóides. De alguma forma elas enganam a natureza, fazendo o corpo acreditar que são outra coisa. O milho, por exemplo, tem microestruturas muito parecidas com a estrutura básica do estrógeno e supõe-se que possa produzir, no homem, efeitos semelhantes a esse hormônio feminino. Uísques americanos, feitos à base de milho, já foram objeto de estudo na investigação de problemas de oligoespermia entre seus consumidores. A maconha também tem microestruturas que podem ser confundidas, enquanto a cocaína possivelmente acarrete danos à produção do espermatozóides.

Existem ainda outras causas para a incidência de oligospermia e até de azoospermia – ausência de espermatozóides –, como alguns tipos de quimioterapia, por exemplo.[15]

Ainda que sejam bastante raros, há casos em que cirurgias feitas em crianças para se corrigir aberturas irregulares da uretra são mal sucedidas e deixam sequelas que, na idade adulta, impedem a deposição de espermatozóides no fundo da vagina.

Casos de criptorquídea (ausência de testículos na bolsa escrotal) também são raros, mas causam grande dano aos tecidos dos testículos, acarretando muitas vezes a esterilidade irreversível.[16]

15

Os exames masculinos

COMO JÁ FOI VISTO, A INFERTILIDADE deve ser encarada com um problema do casal. Por isso, os exames masculinos são tão importantes quanto os femininos e ambos devem ser feitos de maneira associada, buscando maximizar a precisão do diagnóstico e minimizar o estresse do casal.

O fato do homem ejacular os seus gametas facilita em muito o estudo dos fatores masculinos, pois é possível avaliar a performance dos espermatozóides em laboratório. Apesar de existirem vários exames para avaliação do sêmen, começa-se a investigação sempre pelo espermograma devido à simplicidade laboratorial deste procedimento e à necessidade de um primeiro direcionamento para o caminho a ser tomado no tratamento.

O espermograma

A amostra de esperma para o espermograma é colhida em laboratório após a masturbação do homem. Há quem sugira a necessidade de abstinência sexual por alguns dias para garantir uma boa amostra na hora da coleta. No entanto, isso pode falsear o resultado. O melhor é que a qualidade da amostra esteja bem próxima daquela produzida habitualmente, o que depende de cada homem e de cada casal. A coleta, portanto, deve feita após o intervalo normal entre as relações sexuais. Ou seja, se o casal faz sexo a cada dois ou três dias, a coleta deve se dar dois ou três dias após a última relação. Se a frequência é diária, não adianta desviar o resultado, propondo cinco dias de abstinência, como é frequente em alguns consultórios e laboratórios. Embora seja importante, o espermograma não é um exame definitivo.

Por meio de uma observação microscópica da amostra de sêmen, o espermograma indica basicamente duas coisas: a quantidade e a velocidade dos espermatozóides. Além disso, o exame também permite que se estude a morfologia dos gametas e a acidez do líquido espermático.

A quantidade

A Organização Mundial da Saúde define como uma quantidade limite e razoável de gametas masculinos o número de 20 milhões de espermatozóides ejaculados em cada mililitro de líquido seminal. É importante observar, no entanto, que a contagem de espermatozóides pode apresentar, como veremos a seguir, resultados falso-positivos e falso-negativos, exigindo uma aprofundamento dos exames.[17]

A motilidade

Quando o laboratório analisa uma amostra de sêmen, encontra mais de 20 milhões de espermatozóides por mililitro e pelo menos 50% deles apresenta motilidade tipo A – caracterizada por gametas que cruzam a lâmina rapidamente –, isso significa que o espermograma indicou bons resultados. Se, no entanto, a maioria das células apresentar motilidade do tipo B – caracterizada por gametas que cruzam a lâmina em baixa velocidade ou correm em movimentos circulares –, algumas análises mais sofisticadas deverão ser feitas.

O movimento do espermatozóide em uma direção é feito em uma sucessão de ziguezagues, impulsionados pela cauda. Por isso, uma análise tradicional microscópica pode indicar resultados diferentes para cada esterileuta. Um mesmo resultado de espermograma, entre médicos diferentes, já variou em até 40% como consequência de análises subjetivas. Por essa razão, foram desenvolvidos alguns programas de computador para verificar a movimentação e a velocidade do espermatozóide de forma mais precisa. Em intervalos de alguns segundos, o computador "fotografa" a posição dos espermatozóides e calcula o quanto avançaram na lâmina. Com esses registros, a máquina pode calcular a provável motilidade com resultados mais confiáveis do que as diferentes interpretações individuais.[18]

A motilidade do gameta masculino é fundamental para que a célula consiga atravessar o muco cervical e subir pelo interior do útero até as trompas. Essa propriedade é dada pela cauda. Observada por meio de um corte transversal, ela tem um sistema de nove microtúbulos que se assemelham aos pistões de um motor e que fazem as contrações para que o espermatozóide se movimente com velocidade. O gameta masculino possui um grande número de mitocôndrias – organelas responsáveis pela produção de energia na célula – e consome grandes quantidades de oxigênio. A sábia natureza abriu mão de outras organelas que permitiriam ao espermatozóide fabricar seu próprio alimento, pois, como se viu, o sêmen e depois o muco vaginal cumprirão a tarefa de alimentá-lo.

A morfologia

O espermograma é um exame de média capacidade para se avaliar a morfologia dos gametas masculinos. De acordo com a Organização Mundial de Saúde, resultados aceitáveis de um espermogramas devem apontar mais de 40% dos espermatozóides da mostra como sendo ovais, menos de 6% de afilados (*tappering*), menos de 0,5% de gametas em formas imaturas e menos de 8% com formas consideradas amorfas. Mais recentemente, o uso de métodos computadorizados para a identificação dos espermatozóides permitiu uma melhora na interpretação da morfologia dos espermatozóides.

Espermatozóides afilados, ou do tipo *tappering*, têm como principais características uma cabeça afilada e a incapacidade fertilizar o óvulo. Quando a presença desse tipo de espermatozóide estiver acima de 6%, há fortes suspeitas de varicocele.[19]

A acidez

Um indicador importante que o espermograma traz é o pH, o índice de acidez do líquido seminal. Um pH muito baixo pode ser um sintoma de uma inflamação próxima às vesículas seminais, onde ocorrem as contrações e a liberação do sêmen. Um pH muito alto pode indicar infecções e inflamações na próstata. Estes são indícios de problemas a serem investigados com outros exames.

A alteração de pH compromete tanto a motilidade quanto toda a capacidade de reação biológica que o espermatozóide precisa ter para fecundar o óvulo. O funcionamento do acrossomo, por exemplo, pode ser prejudicado por variações no pH. O acrossomo nada mais é do que a membrana do espermatozóide que, em contato com o óvulo, sofre reações químicas que liberam algumas enzimas capazes de digerir a zona pelúcida que envolve a célula reprodutiva feminina. É fundamental, portanto, que o acrossomo tenha condições de cumprir seu papel para que o espermatozóide possa penetrar no óvulo e fecundá-lo.

O exame físico

Quando o espermograma apresenta alterações, o exame físico dos órgãos genitais internos e externos torna-se extremamente importante para que indícios de tumores, varicocele acentuada e degenerações dos testículos sejam verificados. O exame físico é bastante simples e é feito por meio da palpação da uretra, dos testículos e do cordão espermático, além do toque retal que permite examinar a próstata e a vesícula seminal.

A próstata tem aproximadamente o tamanho de uma castanha, apresentando um sulco no meio e uma consistência fibronodular parecida com a parte interna da ponta do nariz. Ao mesmo tempo em que é macia, a próstata tem uma certa consistência; não é uma cartilagem e nem um osso. O toque é feito na área da próstata e das vesículas tanto para checar se elas estão doloridas, o que pode indicar infecções, como para verificar o tamanho, forma, superfície e consistência dos órgãos.

O exame de próstata pode acabar mostrando outros problemas a serem tratados. Se a próstata apresentar um tamanho superior ao normal e sua consistência for normal, tudo indica que trata-se de um adenoma, que é um tumor benigno. No entanto, quando a consistência ao toque for pétrea, há grandes chances de se tratar de um câncer de próstata.

Testículos normais medem de quatro a cinco centímetros e é possível examinar sua consistência pela palpação. Normalmente a consistência dos testículos é do tipo fibroelástica, semelhante à cartilagem do nariz. Se eles estiverem muito duros ou empedrados, novos exames para investigação de tumores devem ser feitos. Se estiverem moles, é sinal de alguma degeneração.

Outra etapa do exame físico é a palpação do cordão espermático para que se verifique a possibilidade de varicocele. Para facilitar o exame, o paciente deve fazer esforço para assoprar mantendo a boca e o nariz tapados. A pressão no abdômen, decorrente do esforço, torna a veia mais saliente para ser tocada. Quando a investigação manual é insuficiente, há outros recursos para examinar o cordão espermático, como a termografia escrotal e o Sonar Doppler, um tipo de ultra-som para observar como o sangue chega e sai dos testículos.[20]

O Swim-Up

Caso o espermograma aponte bons resultados, incluindo boa morfologia, o médico, a princípio, não precisará aprofundar-se na análise do espermatozóide. Deverá, antes, fazer alguns exames básicos na mulher, verificando sua ovulação, a interação do espermatozóide com o muco cervical e a permeabilidade da trompa. No entanto, quando o espermograma apresenta problemas ou quando não há qualquer indício anormal nos resultados dos exames femininos básicos, parte-se para novos exames dos espermatozóides.

Uma das formas de se avaliar melhor os espermatozóides é um exame feito a partir de uma amostra do sêmen para simular o comportamento do espermatozóide no caminho que ele precisa percorrer até a trompa. Conhecido como Swim Up, este exame mostra a capacidade do espermatozóide de atravessar o muco vaginal e chegar ao útero. Para isso, cada mililitro de sêmen é colocado em quatro militros de meio de cultura e a mistura é centrifugada em laboratório. Após 45 minutos de repouso da amostra, é possível observar que uma parte dos espematozóides atravessou o meio de cultura e chegou à superfície. Na verdade, esse processo submete os espermatozóides a uma situação de estresse semelhante àquela que ocorre na travessia do muco cervical.

Quando o número de espermatozóides que conseguiram nadar através do meio de cultura estiver acima de dez milhões, o médico está diante de um caso de boa fertilidade. Se outros problemas não se apresentarem para os parceiros, nada impede uma gravidez por coito normal. Se o número estiver entre cinco e dez milhões, as chances também são boas e o casal pode optar pela inseminação ou por novas tentativas de uma gravidez normal. Entre um milhão e meio e cinco milhões, as chances são muito reduzidas e a opção deve ser pela fertilização *in vitro*. Abaixo desses números, o caminho é mais delicado e a fertilização *in vitro* torna-se, muitas vezes, inviável. O método utilizado neste caso é a micromanipulação ou a ICSI (Injeção Intracitoplasmática de Espermatozóide).[21]

O Swim Up, portanto, é um teste preciso para indicar os possíveis caminhos para uma gravidez, seja por coito normal, seja por diferentes métodos de reprodução assistida.[22]

A morfologia de Kruger

Outro exame de grande utilidade na classificação e prognóstico do espermatozóide é a morfologia de Kruger. Muito seletiva, a morfologia de Kruger possui vários critérios para que um espermatozóide seja "aprovado", sendo o exame mais aceito atualmente.

Antigamente, o espermatozóide que tivesse uma só cabeça ovalada e uma só cauda, sem o filamento de cauda aberto, já era considerado saudável. Quando sua cabeça era redonda ou " afilada", a célula era considerada anormal. A morfologia de Kruger alterou esses padrões e acrescentou critérios mais rigorosos a serem observados nos espermatozóides. Segundo esse método, os espermatozóides são de boa qualidade quando mais de 14% deles forem considerados saudáveis dentro de seus rigorosos padrões de avaliação.[23]

A variabilidade dos resultados

Algumas clínicas e laboratórios já fazem todos os exames de esperma de uma vez, independente de quanto custe, só para que o paciente não precise colher várias amostras e, assim, não possa se negar a fazer exames adicionais. No entanto, na maioria dos casos, o espermograma deve ser feito mais de uma vez, considerando que existem flutuações muito grandes no próprio nível de espematozóides durante a vida da pessoa.[24]

Quando o medo do espermograma é muito grande, a flutuação entre resultados diferentes traz angústias para o casal e também para o médico. Até que ponto ele se sente autorizado a dar um resultado pouco entusiasmador, quando um segundo exame pode mostrar outra coisa? E até que ponto se sente autorizado a não dar esse resultado, enquanto não fizer uma confirmação? Para o paciente, é uma situação estressante não ser informado de tudo a cada passo. No entanto, a expectativa de um segundo exame após conhecer resultado ruim pode ser ainda pior para o paciente.

16

Os tratamentos clínicos masculinos

O TRATAMENTO CLÍNICO EM REPRODUÇÃO humana é aquele que só exige o uso de medicamentos pelo tempo necessário para que se restabeleçam as condições de saúde que possibilitem a gravidez. No homem, o principal objetivo é que ele tenha um espermatozóide saudável, livre de bactérias e de problemas de trânsito ou acidez provocados por eventuais doenças tratáveis. Na maioria dos casos, são inflamações, infecções ou problemas hormonais que causam tais problemas. Geralmente, o tratamento é feito por um período mínimo de 30 dias, seguidos de uma reavaliação do quadro clínico. Cabe ao especialista avaliar corretamente se há condições de reverter a doença que impede a fertilização apenas com medicamentos.[25]

Tratando as infecções

Os casos mais comuns de doenças infecciosas na vesícula seminal ou na próstata raramente chegam ao esterileuta. Caracterizadas por febre, dor no baixo ventre, mal-estar e alterações de ritmo urinário, tais infecções, via de regra agudas, são geralmente identificadas e tratadas pelo urologista. Os casos que normalmente chegam ao esterileuta são subagudos ou crônicos, não apresentando os sintomas descritos acima, embora os exames do paciente apontem para uma baixa motilidade do espermatozóide.

Felizmente, é grande o arsenal de tratamentos e medicamentos para resolver as causas infecciosas da infertilidade masculina. Existem dezenas de famílias de antibióticos para tratar infecções e inflamações de próstata e vesícula seminal.

Em geral, a vesícula seminal e a próstata são mais atingidas por infecções crônicas do que agudas. Estas últimas se caracterizam por um quadro de muito mal-estar e dores para urinar ou sentar, mas, por outro lado, são tratadas mais facilmente. Já a infecção crônica ou subaguda exige um longo tratamento à base de antibióticos para ser eliminada, caso já esteja presente no organismo há algum tempo. Muitas vezes o problema continua lá quando se repete o exame de cultura após o tratamento. Isso ocorre porque o antibiótico precisa penetrar muito bem no tecido para combater a infecção, mas a próstata e a vesícula seminal não são órgãos muito vascularizados, ou seja, não há muito sangue nelas para conduzir o medicamento na quantidade necessária. Depois dos 40 anos, a irrigação diminui ainda mais, aumentando o período de tratamento necessário para a cura de infecções.

Mesmo que o especialista verifique que a infecção está curada, não adianta correr e fazer um novo espermograma imediatamente, pois os espermatozóides levam em média 70 dias para amadurecer. Depois de constatada a cura, portanto, ainda será necessário esperar cerca de 90 dias para que os novos espermatozóides, nascidos em um ambiente muito melhor, consigam amadurecer e melhorar os resultados do espermograma. Médicos esterileutas e urologistas sabem que precisam ficar muito atentos a esses prazos.[26]

Tratamentos hormonais

Como já vimos, problemas hormonais são responsáveis por apenas 1% dos problemas de infertilidade masculina. No entanto, quando constatada tal condição após um diagnóstico hormonal acurado, deve-se fazer um tratamento de substituição hormonal para tentar corrigir a produção de espermatozóides.[27]

É importante observarmos, no entanto, que tratamentos hormonais com resultados questionáveis e até desastrosos já foram usados no passado e alguns continuam sendo aplicados ainda hoje. Durante algum tempo, utilizou-se gonadotrofinas no homem para aumentar o tamanho do testículo e a sua funcionalidade. No entanto, esse tipo de tratamento só é recomendado se houver algum distúrbio hormonal que atrapalhe o funcionamento dos testículos, como a queda de FSH e LH. Ou seja, o uso não é aleatório e depende de uma cuidadosa dosagem hormonal, para detectar os níveis de testosterona, LH e

FSH. Se não há deficiência, nada justifica a prática – que infelizmente ocorre – de se ministrar gonadotrofinas.

O tempo também ensinou a não abusar do uso da testosterona, hormônio masculino fundamental no processo reprodutivo. Os efeitos eram violentos: a taxa de espermatozóides crescia no início, mas depois, em muitos casos, constatava-se uma atrofia dos testículos. Diante disso, tentou-se um segundo enfoque. Em vez de receitar testosterona para o homem, ministravam-se outros hormônios para sua parceira, de forma a aumentar a receptividade do muco cervical para segurar os poucos espermatozóides. Hoje em dia, os caminhos são outros. As causas para a baixa produção ou motilidade dos gametas masculinos são investigadas e tratadas, em vez de se tentar recursos para forçar uma produção maior. Com esse novo enfoque, os antibióticos ganham importância indiscutível, já que muitas dessas causas são processos infecciosos, como já vimos.

Tratamentos que exigem cautela

Os vasodilatadores ainda figuram entre os medicamentos utilizados em casos de baixa contagem de espermatozóides no espermograma. Embora tenham começado a cair em desuso, eles já foram muito recomendados. São os mesmos medicamentos que se costuma ministrar a pessoas com isquemia cerebral, tontura ou labirintite. Acreditava-se que os vasodilatadores pudessem aumentar a irrigação sanguínea no testículo para elevar a capacidade de formação de espermatozóides. Sua eficácia, porém, nunca foi comprovada cientificamente e seu uso foi sendo abandonado com o tempo.

O citrato de clomifeme, conhecido como medicamento para induzir a ovulação feminina, também é usado em tratamentos masculinos, mas não no caso de infecções ou inflamações. De fato, algumas pesquisas médicas feitas em grupos de pacientes com baixos níveis de espermatozóides comprovam que, com o emprego da substância, houve melhora nos resultados do espermograma e do Swim Up.[28] No entanto, estudos prospectivos mostram que o aumento da quantidade e motilidade dos espermatozóides não era suficiente para resolver o problema da infertilidade, uma vez que não havia um aumento propocional das taxas de gravidez. É possível que permaneçam sequelas na formação de parte dos gametas, mas nada foi comprovado. Por enquanto, é apenas um dado estatístico, ainda não explicado pela medicina.[29] No entanto, não podemos ignorar que a melhora nos resultados do espermograma em razão do uso do citrato de clomifeme cria expectativas para o casal que não necessariamente se traduzem na fecundação natural do óvulo, ou mesmo no sucesso da ferilização *in vitro*. Essa constatação já é suficiente para que se tenha cautela e se busque outras formas de tratamento.

17

Os tratamentos cirúrgicos masculinos

EM TRATAMENTOS REPRODUTIVOS, a cirurgia que se executa no homem com maior frequência é a da varicocele. A reanastomose do deferente, por sua vez, é importante por ser a técnica empregada na reversão da vasectomia.

A cirurgia da varicocele

O tratamento da varicocele é sempre cirúrgico. Como vimos, a doença prejudica o espermatozóide porque, ao represar o sangue na área dilatada, acaba aumentando a temperatura da região. A cirurgia da varicocele consiste então em cortar e ligar vasos, desativando a veia alargada. O fluxo sanguíneo, então, se desvia para veias colaterais, restabelecendo uma circulação adequada. É claro que isso leva um certo tempo, pois a natureza demora um pouco para criar um completo circuito colateral.

A cirurgia dura cerca de 40 minutos, com anestesia peridural ou raquidiana. Se for feita pela manhã, o paciente pode ir embora do hospital à tarde. A recuperação cirúrgica é extremamente rápida. O tempo de recuperação para a produção de espermatozóides, como qualquer tratamento que vise um aumento da produção, é de pelo menos 90 dias. Este é o prazo necessário para que se tenha certeza de que os espermatozóides nascidos após a cirurgia já estejam amadurecidos. É só após este prazo que o médico poderá observar novamente a qualidade do sêmen.

Os cuidados que este tipo de cirurgia requer são os de escolher o melhor lugar para a incisão – que pode variar de acordo com a técnica usada – e de alcançar a área afetada com precisão. A cirurgia é feita apenas na veia. Não se pode obstruir a artéria nem o canal deferente, sob pena de afetar o testículo ou obstruir a passagem do espermatozóide. A cirurgia pode ser unilateral ou bilateral, pois, embora a maioria dos casos de varicocele ocorram do lado esquerdo, há casos da doença em ambos os lados.

Atualmente, a cirurgia da varicocele pode ser feita por incisão escrotal, com anestesia local, embora essa técnica resulte em muitos casos de reincidência. Outra opção é uma incisão de dois a três centímetros um pouco acima do pênis e abaixo do púbis. A existência dessas técnicas hoje em dia significa que os tempos mudaram para os homens com varicocele, pois a cirurgia clássica, que se fazia antigamente, exigia um corte semelhante ao usado em casos de apendicite e era mais demorada.[30]

Após a recuperação cirúrgica total do paciente, são boas as chances de não se precisar de outros recursos de reprodução assistida. Pelo menos quando o grau de comprometimento é mediano, aproximadamente 30% dos pacientes operados de varicocele conseguem reverter o quadro de infertilidade.[31] Os demais, estarão livres da doença, mas deverão ser ajudados com as técnicas de fertilidade assistida. Dependendo da idade da companheira, recomenda-se diretamente os métodos de reprodução assistida.

A reanastomose do deferente

Outra importante cirurgia masculina relacionada à reprodução humana é a reanastomose do deferente, técnica utilizada para desobstruir e religar o canal deferente. Esse procedimento cirúrgico é empregado, por exemplo, na tentativa de reversão da vasectomia ou para se corrigir sequelas e aderências deixadas por eventuais infecções.

Durante a cirurgia, a parte obstruída é retirada, e os segmentos que ficam são religados. Nos casos de reversão da vasectomia, o médico localiza os dois segmentos que já estão soltos em razão da cirurgia anterior, corta e retira as pontas comprometidas e faz a religação.

O sucesso do tratamento cirúrgico depende mais das condições do paciente do que da técnica empregada. O homem vasectomizado, a princípio, produz mas não ejacula os espermatozóides. Por isso, seu organismo começa a fabricar anticorpos que destróem os gametas. Após reconstruir o caminho para a sua expulsão, os anticorpos ainda estão lá e continuam agindo. É por isso que se verifica uma baixa importante na quantidade de espermatozóides ejaculados por homens que passaram pela reversão da vasectomia. Outro fator que determina o sucesso ou não da cirurgia é a extensão do segmento que ficou comprometido com a vasectomia. É preciso que sobre o bastante para que a religação possa ser feita.[32]

Parte IV:

Os Métodos de Reprodução Assistida

18

A indução de ovulação

POR MUITO TEMPO, O MELHOR QUE a medicina podia fazer por um casal com dificuldades reprodutivas era tratamentos clínicos ou cirúrgicos isolados, na mulher ou no homem, mas o arsenal de recursos era limitado e não beneficiava pessoas com impedimentos severos de fertilização. Foi uma verdadeira revolução no atendimento à infertilidade a chegada dos indutores de ovulação.[1]

Eles se revelaram, primeiramente, como uma ajuda poderosa para a promoção da gravidez por meios "quase" naturais. Com esses medicamentos, foi possível aumentar a produção de óvulos num mesmo ciclo e criar a técnica mais simples de reprodução assistida: a indução da ovulação com datação do coito. Era só o começo de grandes mudanças. Mais tarde, a indução seria associada a novas tecnologias, como a ultra-sonografia intra vaginal, o tratamento das células reprodutivas em laboratório e diferentes técnicas de fertilização, permitindo o surgimento de tudo que se conhece atualmente em termos de reprodução assistida.[2]

Daí a importância da indução de ovulação: todos os tratamentos de reprodução assistida dependem dela para maximizar as probabilidades de êxito e viabilizar a concepção de uma nova vida. Para entendermos melhor como a indução funciona, vamos analisar o eixo sexual feminino e seu comportamento hormonal.

Os indutores de ovulação

Imagine como era difícil, nos primeiros tratamentos de infertilidade, contar com um único óvulo disponível para a fecundação a cada ciclo. Técnicas para colher e fertilizar esse óvulo em laboratório dependiam de toda a sorte do mundo. Ao ser retirada do corpo feminino, uma célula reprodutiva pode perecer ou, simplesmente, não estar em condições favoráveis à interação com o espermatozóide. Nesse caso, nada restava senão esperar outro ciclo e torcer para o tratamento dar certo. Inseminações também tinham uma margem bem menor de sucesso. Introduzidos no útero, os espermatozóides teriam que encontrar aquele único óvulo, na trompa de Falópio, receptivo à fecundação.

Os indutores de ovulação, que passaram a ser utilizados na década de 60, trouxeram boas novas para os casais inférteis. Pelo menos a oferta de óvulos, a cada ciclo, poderia aumentar bastante, com esses medicamentos de ação hormonal. E a partir daí, as chances de se obter uma fertilização com tratamentos, tornaram-se muito mais animadoras.[3]

Além de favorecer resultados, os indutores também ajudaram a descobrir problemas ovulatórios que muitas vezes ficavam disfarçados por uma menstruação aparentemente normal. Quantas e quantas mulheres ficaram sem diagnóstico, por terem desvios de ciclo tão discretos que os médicos não conseguiam detectar. Na época, as medições hormonais eram de difícil execução. Era mais fácil tratar uma mulher com menstruação muito irregular, porque era óbvio que havia algum distúrbio ovulatório, do que aquelas sem sintomas aparentes. Como substituem hormônios naturais do eixo sexual, os indutores ajudaram a desvendar pequenas falhas do ciclo.

Um dos estimulantes de ovulação que surgiram na época, o citrato de clomifene, ainda é frequentemente utilizado por ginecologistas, pelo baixo nível de efeitos colaterais. Não quer dizer que seja a opção mais recomendada em tratamentos.

A grande dificuldade de se mexer com as drogas de indução de ovulação está exatamente em saber contornar e lidar com a expectativa dos seus resultados, com o necessário controle que permita interromper o processo antes de um efeito colateral forte ou indesejado. O citrato de clomifene, que estimula o hipotálamo a produzir mais hormônios (estimulando a hipófise e, consequentemente os ovários), reduz essa margem de riscos, embora não elimine a possibilidade de gravidez múltipla.[4] Chega a ser vendido em algumas farmácias sem prescrição médica, para mulheres que nem sabem qual é seu grau ou causa de infertilidade. Há até farmacêuticos que recomendam o medicamento seguindo uma lógica simplista e equivocada: se ele vende pílulas para a mulher quer um remédio para não engravidar, então pode vender o citrato de clomifene, que é uma droga contra a infertilidade, se a "freguesa" está tentando engravidar. Age como se uma coisa fosse o contrário da outra, mesmo que a maioria das mulheres que se medicam por conta própria não consiga a gravidez. Naturalmente, não é a isto que o esterileuta chama de processo de indução, que combina medicamentos diferentes durante as fases do ciclo, com medidas e frequência altamente personalizadas, e sempre baseadas em um diagnóstico prévio e seguro.

Administrando os recursos para uma indução adequada

O arsenal terapêutico para um processo de indução não é tão grande quanto sugerem as diferentes formas de combiná-los e dosá-los. Eles se dividem em antihormônios, pré-hormônios e hormônios. Além do citrato de clomifene (pré-hormônio), existem as gonodotrofinas, que podem ser mais ou menos purificadas, mas que não passam de hormônios iguais aos produzidos pela hipófise. Antigamente, a gonadotrofina, hormônio que estimula as gônadas, era somente retirada da urina da mulher menopausada. Hoje já se usa uma gonadotrofina absolutamente sintética, feita através de engenharia genética. Esse medicamento, via de regra, somente é prescrito por especialistas, visto o grande espectro de efeitos colaterais que pode ocasionar se o uso não for bem acompanhado durante o ciclo.[3]

Para receber gonadotrofinas em forma de medicamentos, o ciclo hormonal da mulher deve estar sendo controlado e bloqueado artificialmente, o que exige uma outra droga durante o tratamento, um análogo do hormônio GnRh. Dependendo da prescrição, os análogos do GnRH podem estimular ou bloquear o ciclo menstrual. Quando são utilizados para inibir o ciclo, são chamados de antihormônios. Basicamente são esses os remédios utilizados num processo de indução para FIV. A forma como serão empregados, dependerá sempre da compreensão da fisiologia da paciente.

Conhecido o diagnóstico e respeitadas as características da mulher, as doses e os dias para os indutores também variam de acordo com a quantidade de óvulos que se quer. Não se pode prever com exatidão de que tamanho será a safra de folículos, mas é possível trabalhar com certos limites e regular as doses de indutores durante o tratamento de forma a impedir uma produção exagerada, que seja prejudicial para a mulher ou para os planos de uma gravidez segura. Por isso, o uso de indutores sempre deve ser feito com acompanhamento de um especialista. Pode-se dizer que a qualidade da uma indução, totalmente regulada de acordo com as respostas hormonais de cada paciente, é o ponto alto de um tratamento de infertilidade, aliado a um bom laboratório de gametas. Ao final da medicação, a produção de óvulos precisará corresponder, dentro do possível, à expectativa do tratamento. E isso será determinado em cada etapa de monitoramento médico das doses dos indutores e resposta dos ovários.[6]

A indução programada para permitir uma inseminação artificial é diferente daquela que se faz pensando na coleta de óvulos a serem fertilizados em laboratório. Para as mulheres que buscam uma ou outra alternativa, essa diferença não é tão perceptível. A gama de drogas e a associação em doses, horários e dias (diferentes para cada caso) será adaptada de tal maneira que possa "imitar" a natureza da paciente, fazendo chegar às glândulas o hormônio certo na hora certa, só que com o objetivo de uma produção aumentada de folículos. Aumentada até quanto? Aí é que entra a diferença.

Dois óvulos para a inseminação

Para a paciente que vai tentar a gravidez com indução associada a uma datação do coito, ou para aquela que vai submeter-se a uma inseminação artificial, o que se pretende é só um óvulo a mais. O segredo está em partir para a superovulação com as gonadotrofinas – que estimulam os ovários. A maturação de um deles para a fecundação sinaliza de que os outros também se desenvolveram. E como a fecundação ocorrerá dentro do corpo da mulher, seja pela relação sexual, seja pela introdução de sêmen diretamente no útero, o médico não terá controle de quantos embriões estarão se formando. Aí, o risco de uma gravidez múltipla é muito grande.[7]

Para estes dois tipos de tratamento, bastam aproximadamente dois óvulos de boa qualidade. Por isso a paciente não deve desanimar se, na indução para a inseminação, o médico recomendar que ela seja suspensa naquele ciclo e tentada no ciclo seguinte, justamente porque seus ovários produziram óvulos demais. É uma precaução necessária para evitar trigêmeos, quadrigêmeos ou mais bebês de uma vez só. Um bom especialista pode evitar ao máximo esse risco. Sem usar o bloqueador – análogo de GnRh – no começo do ciclo, os folículos crescerão sem muita homogeneidade de tamanhos. As gonadotrofinas ajudarão os maiores a amadurecer depois do quinto dia. Havendo dois maduros, no meio do ciclo, uma determinada dose de hormônio vai estimular que esse folículos se abram, liberando os dois óvulos, que serão recolhidos pelas trompas. A partir daí, resta torcer para que a fecundação natural de um deles ocorra. Se, pelo ultra-som, o médico percebe que os ovários produziram mais de dois folículos bons, terá a sensatez de deixar a inseminação para um próximo ciclo. O casal quer um bebê. Melhor não arriscar a chegada de trigêmeos, além de uma gravidez de grande risco tanto para chance de aborto quanto de prematuridade.

A fertilização *in vitro* precisa de mais óvulos

No caso de uma fertilização *in vitro* ou outras técnicas de fertilização em laboratório, a indução muda bastante. Desta vez, não estamos preocupados em manter uma produção mais limitada dos ovários para prevenir uma gravidez múltipla. Queremos o contrário: vários óvulos para que, na hora da transferência, não faltem embriões. Dependendo da idade e condições físicas da paciente, de dois, três ou quatro (a lei determina quatro no máximo) embriões formados serão transferidos para o útero.[8]

Ao programar os indutores para uma FIV, o casal e o médico têm duas possibilidades: tentar estimular o crescimento aproximado de seis a oito bons folículos, considerando que haverá também algumas perdas durante o processo, ou produzir ainda mais e congelar uma parte dos embriões para uma outra tentativa, caso necessária. A segunda escolha só será feita se o médico contar com um bom serviço de congelamento ou vitrificação embrionária e se o casal concordar com esse procedimento. Embora pareça uma garantia de que, se a primeira tentativa não der certo, uma segunda será mais fácil, já que os embriões estarão guardados em containers de nitrogênio líquido. É importante para o casal considerar que as chances de sucesso com embriões congelados são um pouco menores do que no caso de gametas não submetidos a este processo laboratorial.

Para chegar a essa safra maior de folículos, mais uma vez o análogo de GnRh será determinante. Agora, é obrigatório bloquear o ciclo, recorrendo a esse medicamento. Assim, quando as gonadotrofinas entrarem em ação, a maioria dos folículos que brotarem dos ovários crescerá no mesmo ritmo, com o mesmo tamanho. As doses de indutores irão regular esse crescimento para que estejam no ponto certo, na hora certa. Será então o momento para tomar os hormônios que provocarão a liberação dos óvulos. Estes serão recolhidos pelo médico antes que o ovário os libere. É importante lembrar que, assim como as mulheres respondem de forma diferente à indução, também é relativa a capacidade de cada organismo para produzir a quantidade de óvulos almejada e com a qualidade necessária. Tudo isso determinará o sucesso do tratamento e o número de embriões disponíveis para uma transferência.

O processo endocrinológico de indução da ovulação

Como já vimos, Os medicamentos chamados *análogos de GnRh* têm a capacidade de bloquear todo o ciclo menstrual. Eles deixam a zero a produção de gonadotrofinas e, sem ela, os outros hormônios do eixo sexual feminino também não são produzidos. Neste estado de bloqueio deve estar a mulher para um tratamento voltado à FIV. É como se os comandos naturais do eixo sexual fossem temporariamente desprogramados e uma outra programação, muito semelhante – só que monitorada pelo médico, fosse acionada naquele ciclo. Para baixar o estrogênio, existem duas possibilidades. Uma é esperar a chegada da menstruação, que naturalmente corresponde à uma baixa hormonal, e receitar o análogo para a paciente. O remédio neste caso vai manter bloqueada a produção natural dos hormônios, que será substituída pelas doses prescritas e controladas pelo médico. A outra forma é usar o análogo já antes da menstruação, para ajudar o organismo a baixar sua produção, e continuar com o medicamento depois. Os análogos, que muitas mulheres confundem com os indutores, servem só para isso: inibir o processo natural, para que toda a ovulação seja orquestrada de fora para dentro.[9]

É durante o início do ciclo que o ovário faz emergir, em sua superfície, as pequenas cápsulas ou "folículos" dentro das quais os óvulos irão crescer e amadurecer durante a primeira metade do ciclo. Se os ovários forem bastante estimulados pelos hormônios, poderão produzir mais folículos. Se houver hormônio de menos, menor será o número de óvulos. Por isso, é nos primeiros cinco ou seis dias, em plena menstruação, que entram em cena as doses de gonadotrofinas destinadas a induzir a ovulação. Para uma FIV, os indutores nos primeiros dias são fundamentais para garantir uma boa quantidade de óvulos. Depois, continuarão sendo empregados para ajudar a amadurecer aqueles que já brotaram.

Da primeira dose de indutores até o momento da coleta de óvulos, médico e paciente trabalham em constante colaboração. A mulher deve estar disponível para retornar ao consultório até de um dia para o outro. O médico precisa estar a postos porque qualquer variação indesejável no crescimento do óvulo significa que as doses de medicamento devem ser alteradas. Tudo isso é acompanhado visualmente, por ultra-som, e, em alguns casos com dosagens hormonais, e é uma das fases que exige mais experiência do esterileuta. O crescimento do óvulo deve cumprir uma "curva", com aumento menos acelerado em certos dias e mais acelerado em outros. Tudo depende de quanto hormônio está em ação no corpo da mulher e de que forma está agindo. Na regulagem das doses, são consideradas também as características da mulher, como idade, peso, condições gerais de saúde. Mas para saber se o folículo está cumprindo a curva de crescimento, só mesmo observando, em pequenos intervalos de tempo. Se estiver crescendo depressa demais, as gonadotrofinas são reduzidas. Se for de menos, aumentam-se as doses. Dosagens de hormônios, através de exame de sangue, também são indicadores para regular a administração da gonadotrofina.[10]

Quando a ovulação é orquestrada pela natureza, lá pelo meio do ciclo menstrual soa um alarme hormonal que faz os folículos, já maduros, se abrirem e liberarem o óvulos. Como a indução procura imitar a natureza, ela também promove esse alarme, acrescentando-se ao tratamento, no momento certo, o hormônio capaz de acionar os folículos. Aqui não se pode errar: a chegada do hormônio ao organismo significa que, em até dois dias, os óvulos serão liberados. Por isso, devem estar no ponto certo de maturação. O fato de se ter controlado, desde o início do ciclo, todo o processo de ovulação, oferece uma vantagem para quem faz a FIV: os folículos que emergem nos ovários sob o estímulo do indutor crescem mais ou menos na mesma velocidade natural, chegando juntos ao estado de maturação. Isso não ocorre num ciclo natural, em que vários folículos afloram mas apenas um chega ao meio do ciclo em condições de ser fecundado.

As chances de uma gravidez múltipla

Ganhar mais de um bebê, após muito tempo de espera por uma gravidez, pode ser alegria redobrada para um casal. É um risco que, para alguns, vale a pena correr. Mas é um risco. E não pode ser desconsiderado. As chances de uma gravidez múltipla aumentam, como se viu, em razão do uso de medicamentos indutores da ovulação. Se, na concepção natural, a ocorrência de gravidez múltipla é da ordem de uma em oitenta, na indução da ovulação – que faz parte de qualquer método de concepção assistida – o índice é de uma em cinco. Os especialistas em reprodução humana estão sempre atentos essa margem de risco e têm condições de interferir preventivamente, já que a ovulação é monitorada e, na fertilização em laboratório, o número de embriões transferidos é limitado.

A importância de se tentar evitar gestações múltiplas como trigêmeos quadrigêmeos etc está no fato de que quanto maior o número de bebês em gestação, maior a probabilidade de complicações obstétricas como aborto e prematuridade.[11]

É conduta bastante prudente, a interrupção da estimulação ovariana quando há folículos demais em crescimento no corpo feminino, tornando grande a possibilidade de uma hiperestimulação ovariana, a tentativa inseminação artificial ou datação do coito deve ser simplesmente descartada naquele mês. Em alguns países são utilizadas também técnicas para redução de embriões ainda na fase inicial da gestação, o que passa por avaliação médica e por decisão tomada em conjunto com o casal.[12]

19

A indução com datação do coito

COM A CHEGADA DOS INDUTORES, a velha tabelinha ganhou um grande aliado. O uso desses medicamentos, sob controle permanente, na primeira fase do ciclo menstrual, simplesmente aumenta a oferta de óvulos maduros e aptos à fecundação. Ultra-som e medições hormonais permitem ao médico acompanhar o crescimento dos óvulos e ter uma ideia aproximada de quando devem ocorrer as relações sexuais.[13]

O período fértil da mulher acontece entre o 12º e 16º dias após o início da menstruação. A expulsão do sangue menstrual promove uma limpeza da parede interna do útero (o endométrio), que "descama" e elimina as substâncias acumuladas a partir da última ovulação. A menstruação significa que a fecundação do óvulo não aconteceu e que um novo ciclo está começando.

A famosa tabelinha, utilizada por muitas mulheres como recurso para evitar ou tentar uma gravidez, organiza-se pelo período que vai de uma menstruação a outra, considerando o primeiro dia de menstruação. Ciclos regulares variam de 25 a 35 dias, com ovulação mais ou menos no meio desse período. Para evitar uma gravidez, quando não há uso de medicamentos ou outros anticonceptivos permanentes, é recomendável evitar relações entre o 8º e o 18º dia. Para tentar a concepção, é preciso que haja relações sexuais sem uso de métodos anticoncepcionais bem pertinho da ovulação, entre o 10º e o 15º dias do ciclo.

A relação sexual que vai resultar na fecundação pode ocorrer um pouco antes do óvulo estar maduro. Isso porque o espermatozóide, quando chega ao muco cervical, no colo do útero, pode ficar temporariamente se alimentando de glicose até que o ambiente fique mais cheio de líquidos que irão ajuda-lo a subir até o interior do útero. A região do muco tem umas criptas, como se fossem pequenas cavernas.[14] É dentro delas que o espermatozóide pode parar, por quatro ou cinco dias antes da ovulação. E é por isso que, às vezes, a tabelinha falha.

Apesar de favorecer o desempenho ocasional, este método não vem obtendo, estatisticamente, tanto êxito assim. Não se deve esquecer que, geralmente, quando a gravidez não ocorre depois de muitas tentativas naturais, existe algum outro problema a ser tratado. A indução com datação do coito só tem sido recomendada a casais sem causas expressivas de infertilidade. Mesmo para estes, é mais eficaz recorrer a uma segunda técnica: a inseminação artificial.

20

A inseminação artificial

A INSEMINAÇÃO ARTIFICIAL é um procedimento muito antigo que foi se modernizando através dos tempos. Os primeiros relatos de inseminação artificial datam do século XIX. Um homem com severa mal-formação na uretra, chamada hipospádia. (a abertura do canal da uretra se dá no início do corpo do pênis e não na ponta do pênis) Dr. Hunter retirou o sêmen e injetou diretamente no colo do útero da paciente. O procedimento alcançou o sucesso almejado.[15] Naquela época somente se colocava o sêmen bruto em contato com o colo do útero para se tentar uma aproximação. Não havia indução, acompanhamento do crescimento folicular e hidratação do muco. Alguns anos a inseminação intracervical começou a ser feita com um capuzinho que se colocava no colo do útero após a colocação do sêmen para impedir a saída dos espermatozóides. Estas técnicas não tinham resultados expressivos.

O primeiro grande avanço na Inseminação artificial foi a possibilidade de indução da ovulação com gonodotrofinas. Mais tarde, o acompanhamento dos folículos com ultrasonografia aumentaram a resposta ao procedimento. No início da década de oitenta foi possível a preparação do espermatozóide em laboratório através de técnicas de lavagem e capacitação do sêmen com o intuito de recuperar os melhores espermatozóides. Tal técnica laboratorial também permitiu que o sêmen tratado, agora pudesse ser injetado diretamente no útero através de um cateter.[16]

Por via vaginal o cateter é introduzido no útero através do colo uterino e é injetada uma quantidade de aproximadamente 1 ml de meio de cultura mais espermatozóides tratados diretamente no interior do útero. Este procedimento deve ser feito muito próximo do momento da ovulação para que se consiga resultados significativos.[17]

DIÁRIO DE UM ESTERILEUTA

A solução nem sempre é fácil

Mirian com 29 anos de idade veio ao meu consultorio junto com seu marido Alberto, um engenheiro de 34 anos de idade com história de tentativa de gravidez há três anos sem resultados.

Os exames de rotina mostraram uma diminuição da secreção de muco cervical e uma discreta diminuição na contagem de espermatozóides móveis de Alberto. Os dois já haviam tentado gravidez com citrato de clomifene receitado pelo ginecologista de Mirian.

Posteriormente foram a um outro ginecologista que prescreveu uma indução de ovulação com Análogos de GnRh associado a gonadotrofinas para Mirian em dose bastante elevada. Esta indução, felizmente foi interrompida, em decorrência de efeitos colaterais na paciente que abandonou o tratamento.

Quando vieram comigo, estavam bastante anciosos e descrentes da possibilidade de conseguir uma gestação sem grandes complicações.

Insisti na possibilidade de realizar uma indução de ovulação somente com gonadotrofinas e fazer uma Inseminação Artificial homóloga (com semem do marido).

A indução seguiu sem intercorrências com o crescimento de dois bons folículos viáveis para fertilização.

O sêmen foi processado segundo a técnica de Swim-up em que se separa os melhores para a inseminação.

A inseminação foi realizada no 14 dia do ciclo menstrual sem intercorrências cirúrgicas. Após 15 dias Mirian me ligou contando que o BHCG estava positivo. O ultrasom realizado após 15 dias mostrou a presença de um único embrião já com seu coraçãozinho batendo. Tive a oportunidade de visitá-los na maternidade com um lindo nenê no colo.

A preparação do corpo feminino para uma inseminação artificial é praticamente a mesma feita para uma "datação do coito". A mulher deve tomar indutores, sob controle médico, na primeira fase do ciclo. Além de promover uma super-ovulação, esses cuidados darão condições de se prever, com razoável precisão, o momento em que a ovulação ocorrerá. Algumas horas antes, uma amostra do sêmen do parceiro será colhida e tratada, de forma a isolar e capacitar os espermatozóides para a fecundação. Na hora certa, serão introduzidos no útero, por meio de um cateter. É uma opção que tem beneficiado muitos casais. Também pode ser a solução complementar para mulheres que tenham pequenos distúrbios ovulatórios, desde que estes desapareçam com o emprego dos indutores.

21

A fertilização *in vitro*

A FERTILIZAÇÃO *IN VITRO* – FIV – é o tratamento que se tornou conhecido como o "bebê de proveta", desde que os médicos ingleses Patrick Steptoe e Robert Edwards, conseguiram em 1978 o primeiro nascimento com uso dessa técnica.[18] Foi o avanço mais significativo no tratamento da infertilidade. Pela primeira vez, uma gravidez foi viabilizada com um óvulo fertilizado fora do corpo materno.

Eu tive a oportunidade de conversar com Dr. Robert Edwards que me contou que eles trabalhavam em cidades diferentes. A indução da ovulação era feita pelo Dr. Edwards que chamava o Dr. Steptoe a vir a sua cidade na |Inglaterra a uma distância aproximada de 200 km para puncionar o óvulo da paciente através de laparoscopia. Após o procedimento, o Dr. Steptoe deixava os óvlos com o Dr. Edwards que acompanhava a fertilização. Este trabalho incansável de pesquisa e fracassos durou mais de 12 anos. Eles perderam mais de 10 anos de tentativas pois não entendiam a necessidade de suplementar progesterona na paciente após a transferência do embrião!

Sinteticamente, a FIV é um método que promove o encontro do óvulo, colhido após tratamento com indutores, e os espermatozóides, em laboratório. Após a fertilização, o embrião é transferido diretamente para o útero. Frequentemente empregada no tratamento de casais com problemas de esterilidade mais acentuados, a técnica é válida para mulheres com problemas tubários, endometriose, infertilidade sem causa aparente, ou em casos em que o homem apresenta um baixo número de espermatozóides saudáveis, exigindo uma seleção dos mais aptos para a fecundação.

É compreensível que exista algum receio em relação à ideia de que o caminho para a gravidez passa por tratamentos de óvulos e espermatozóides, assim como pela tecnologia impessoal de um laboratório. Portanto, é razoável supor que todas as demais possibilidades devem estar esgotadas para que um casal comece a familiarizar-se e aceitar melhor a ideia de uma ajuda para a fertilização. No entanto, há exceções. A aura que envolve a perspectiva de um *bebê de proveta* e outros métodos de reprodução assistida produz certos encantamentos, especialmente porque os meios de comunicação contribuíram muito para isso, de uma forma exagerada. Há mesmo casais que se animam com a possibilidade de uma FIV, ao primeiro sinal de infertilidade, embora sempre apareça algum receio na hora de cumprir as etapas do tratamento. A despeito do glamour em torno da fertilização em laboratório, ninguém gosta de sentir-se "paciente".

A FIV e outras técnicas de fertilização não são resposta para todos que procuram a ajuda de um esterileuta, e, obviamente, quando se apresentam ao lado de outras soluções, menos invasivas, devem ser secundarizadas. Mas quando é neste tipo de ajuda da medicina que se encontram as chances de gravidez para um casal infértil, a melhor forma de familiarizar-se com a ideia é conhecer um pouco do que se passa desde a coleta de óvulos e espermatozóides até a formação dos embriões na estufa.

Obtendo os óvulos

Qualquer método que envolva o tratamento ou fertilização dos óvulos em laboratório, a exemplo da requer um momento em que as células reprodutivas devem deixar o corpo feminino para retornar depois, já fecundadas, em forma de embriões, ao ventre materno. Durante a coleta dos óvulos, a paciente precisa estar sedada. Mas esse grande e delicado evento num tratamento reprodutivo não dura mais do que trinta minutos e com ele é coroada toda a fase da indução. As imagens por ultra-som, que permitem acompanhar o crescimento dos folículos até o momento da maturidade, de novo vêm dar ajuda. Na tela, o médico observa os pontos semelhantes a cistos, que emergem dos ovários e assim se orienta para a fazer a coleta. A anestesia é necessária porque, neste caso, não há caminho livre até as gônadas. Uma finíssima agulha será utilizada para alcançá-las e trazer os óvulos ao exterior. Mas não há cortes ou grandes traumas cirúrgicos pós-operatórios nesse procedimento. Inserida pela vagina, a agulha atravessa uma única e fina barreira: a parede vaginal. Já no interior do abdômen, é conduzida até a superfície do ovário. O caminho até lá é seguro, pelas mãos treinadas do especialista. Na mesma tela onde estão as imagens do ovário, se vê também uma linha pontilhada que representa o percurso da agulha. Essa imagem é ajustada para que o traçado coincida com a localização dos folículos. Até a aspiração do líquido folicular, que vai deixando o ovário e entrando na agulha, é visível ao ultra-som. Entre os métodos de Fertilização Assistida, a coleta dos óvulos só é dispensável na IIU – Inseminação intra-uterina.

Colhendo e tratando os espermatozóides

Normalmente, enquanto a mulher se submete à cirurgia para a punção dos óvulos, seu parceiro geralmente está por perto. É marcada para o mesmo dia a coleta do sêmen, muito mais simples, já que é feita por masturbação. As clínicas e laboratórios especializados na fertilização assistida reservam quartos privativos para o homem, que tem à sua disposição um frasco esterilizado, a ser usado como receptáculo para o sêmen. Após o paciente colher a amostra e deixar o aposento, um profissional do laboratório recolherá o frasco que será encaminhado para o tratamento laboratorial.

Sempre que uma amostra de sêmen é colhida, seja para a FIV ou para uma inseminação artificial, ela deve tratada através de um método chamado de capacitação. Tecnicamente, significa que os espermatozóides passam por um processo de centrifugação, chamados "swim up" ou com Gradiente de Percoll. Isso proporciona uma situação de estresse para o espermatozóide semelhante àquela que ele passaria ao atravessar o muco cervical, onde só os sadios e mais velozes conseguem vencer os obstáculos. No "swim up" ou gradiente de Percoll, é a mesma coisa. O tubo de ensaio com a amostra de sêmen, misturada ao meio de cultura, é acoplado a um equipamento que gira em grande velocidade, fazendo a centrifugação. Os espermatozóides tentam então atravessar o meio de cultura. Aqueles que cumprem a jornada estão capacitados, como se tivessem conseguido alcançar o interior do útero. A partir daí são isolados e empregados na fertilização, de acordo com as técnicas escolhidas. Em algumas, serão introduzidos diretamente no corpo feminino. Em outras, serão reunidos com o óvulo, em laboratório.

O desenvolvimento do embrião na estufa

Após a coleta e tratamento, as células masculinas e femininas são reunidas em um mesmo caldo de cultura – geralmente o próprio líquido folicular que envolve o óvulo – e começam naturalmente a interagir. É tudo tão ínfimo num processo de surgimento do embrião que o máximo de tecnologia disponível é utilizada para favorecer a observação. O microscópio utilizado em laboratório de Fertilização Assistida é diferente daqueles que existem em laboratórios comuns. O campo de visão onde estão as células é focalizado de baixo para cima, na mesma direção da luz. Dessa forma nenhuma sombra interfere no espetáculo microscópico. Qualquer perigo de contaminação é eliminado por um poderoso sistema de esterilização que trata o ambiente e os profissionais. Assim, é possível acompanhar as transformações passo a passo, sem oferecer riscos aos embriões, que vão se formando.

Nas primeiras horas, já se observa a atração dos espermatozóides pelo óvulo e a forma como os primeiros começam, juntos, a dissolver a geleia que o envolve. Logo que um deles consiga penetrar o óvulo as duas células começam a formar uma única. Depois disso, há um período de aproximadamente 24 horas de poucas mudanças, mas a partir daí tudo acontece com grande velocidade. Os núcleos dos gametas entram num processo de fusão, formando uma única célula que logo se divide em outras duas, exatamente iguais. Em mais ou menos 48 horas, os embriões estarão com quatro células idênticas, já prontos para serem transferidos ao útero.

Cultura até blastocisto e biópsia pré-implantacional

Para aumentar a certeza de que os embriões a serem transferidos têm as melhores chances de desenvolver-se no útero, a medicina reprodutiva tem utilizado a cultura até blastocisto. Trata-se do uso de um caldo de cultura em que o embrião pode conservar-se por mais tempo na estufa. Com isso, são observadas eventuais alterações precoces, evitando-se a transferência de embriões com problemas. Após a fertilização, podem aparecer alguns grânulos que, dependendo da quantidade, significam que não está havendo uma boa divisão celular. Os embriões que não se desenvolvem até blastocistos param e se trabalha apenas com embriões saudáveis.

Outro recurso disponível em laboratório de reprodução é a biópsia pré implantacional. A técnica utilizada é a retirada de uma das células do embrião para rastreamento de doenças genéticas, que pode ser feita após a segunda divisão celular, com resultados mais seguros: uma das oito células é isolada e investigada. O fato da retirada desta célula não implica em resultados negativos para o embrião. Estando saudável, o embrião é transferido.

A transferência embrionária

A transferência embrionária é o momento final do procedimento da fertilização *in vitro*. É uma etapa muito forte do ponto de vista psicológico, mas fácil de suportar do ponto de vista físico.

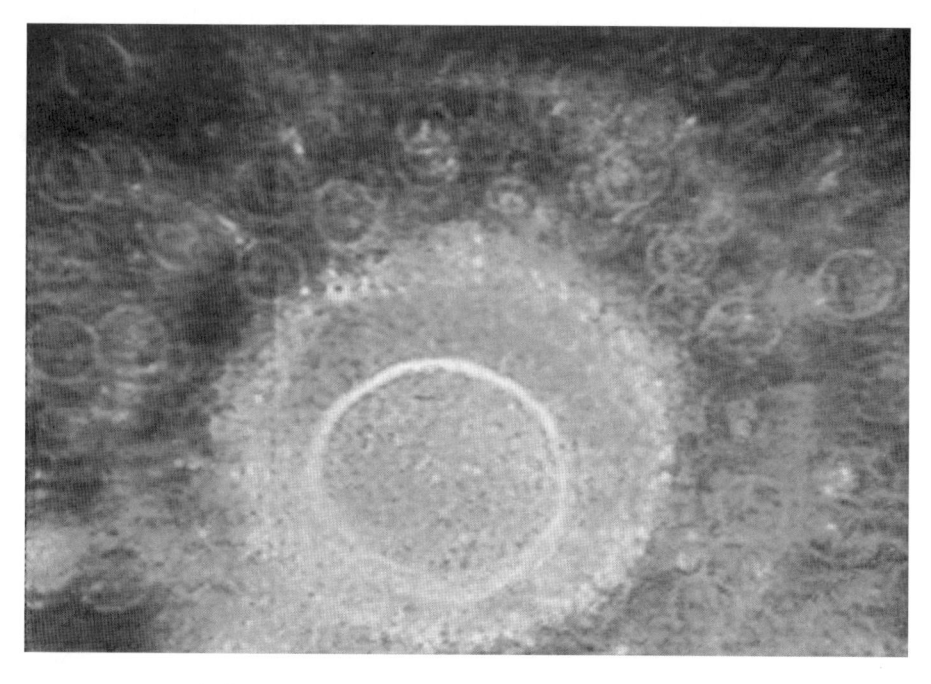

O momento da fecundação observado em um procedimento de fertilização in vitro

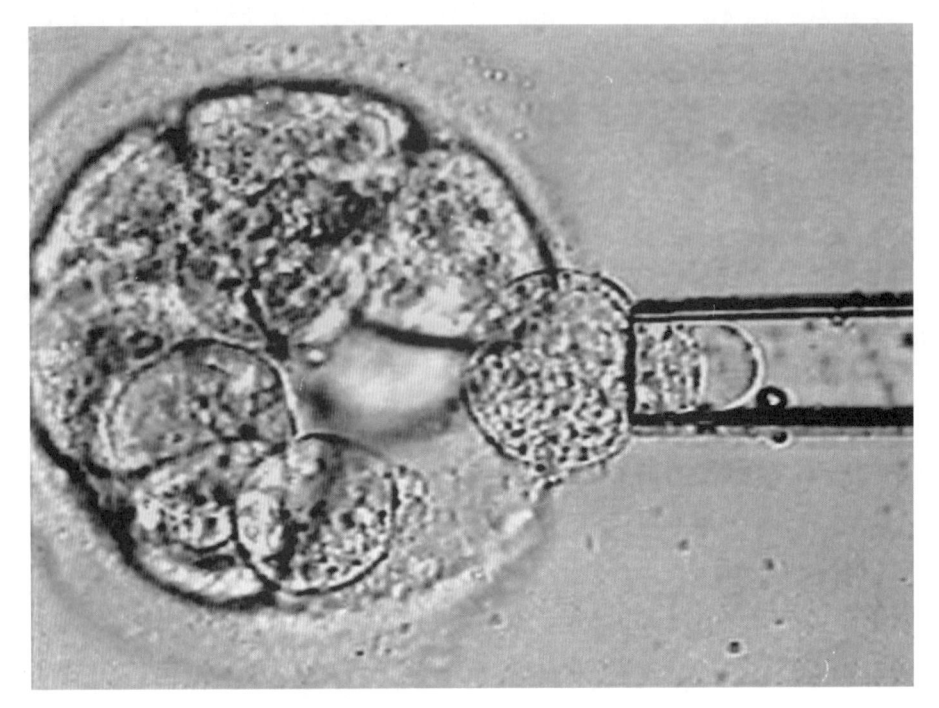

Célula é retirada para que seja feita a biópsia do embrião

O procedimento de transferência embrionária é realizado entre o segundo e sexto dia após a fertilização e não requer anestesia. A paciente pode ir embora logo após o procedimento e, em alguns países, há mulheres que se utilizam até do transporte público para voltar para casa sem nenhum risco para o tratamento.

A transferência é feita por meio de um cateter finíssimo onde são colocados os embriões intercalados com uma gota de meio de cultura. O cateter é inserido no útero por via vaginal e tal procedimento é praticamente indolor. Após a introdução do cateter no interior do útero, os embriões são injetados ali. É importante que esse procedimento seja feito por um médico muito treinado, pois o sucesso ou fracasso de todo o tratamento pode depender da delicadeza desse ato.

Dependendo das características da paciente, injeta-se de dois a quatro embriões em cada tentativa de transferência. A legislação brasileira estipula o limite máximo de quatro embriões por procedimento e, além disso, o risco de gravidez múltipla e de perda dos embriões aumenta consideravelmente se forem transferidos mais do que quatro deles. É importante observar que as chances de mais de um embrião se fixar no útero e causar uma gravidez múltipla não são tão grandes como pode parecer a princípio. Casos de gêmeos correspondem a aproximadamente 25% das gestações obtidas com a ajuda da FIV, enquanto os trigêmeos correspondem a apenas 1% delas e os quadrigêmeos a menos de 0,1%.

Os primeiros 15 dias

O período após a transferência do embrião, é o pior em termos de sofrimento psíquico dos pacientes. Quando começamos a estimulação há um certo clima de euforia, acompanha-se o crescimento dos folículos, o paciente está em contato com o médico repetidas vezes, e isso atenua a sua ansiedade. Durante o período da punção e da pré transferência o casal acompanha com muito entusiasmo o número de embriões que serão fertilizados e posteriormente transferidos. Entretanto passada a transferência embrionária não há a necessidade clínica de um acompanhamento mais rigoroso e próximo por parte da eqipe médica. Isto gera uma situação de muito stress para o casal que se vê obrigado a fazer uma contagem regressiva até o dia de poder colher o exame de BHCG (Exame de sangue para diagnosticar a gravidez).

… 22

Outras técnicas de fertilização assistida

Há alguns métodos de reprodução assistida que são semelhantes à fertilização *in vitro* tradicional, mas que apresentam características próprias e podem ser utilizados em alguns casos específicos. Apresentaremos alguns destes métodos aqui.

GIFT – Transferência dos gametas para dentro da trompa

Algumas técnicas de transferência para o corpo feminino dispensam a espera da fertilização em laboratório, a exemplo da GIFT (*Gamete Intrafallopian Transfer*). Após a coleta, óvulo e espermatozóides selecionados são reunidos em um mesmo cateter e, imediatamente, transferidos para a trompa da Falópio, ambiente natural da fecundação. É um método usado para mulheres com infertilidade sem causa aparente, ou com presença leve de endometriose. Mas uma condição é indispensável: uma trompa deve estar saudável, sem obstruções de qualquer tipo. O método requer uma laparoscopia. Com ela, o médico pode visualizar o lugar certo da trompa para introduzir os gametas. Terminada a cirurgia, a expectativa é de que o óvulo seja fecundado naturalmente, e o embrião seja conduzido pelos cílios da trompa até o útero.

Atualmente não se usa muito a GIFT porque as taxas de gravidez são semelhantes às da FIV, que requer apenas um procedimento cirúrgico (coleta de óvulos), dispensando a laparoscopia. A GIFT é mais reservada para aquelas mulheres que, por razões filosóficas ou religiosas, não querem que a fecundação ocorra fora de seu corpo.

ZIFT – Transferência do zigoto para dentro da trompa

O zigoto é a primeira etapa de fusão entre o óvulo e o espermatozóides. Ainda não se trata do embrião, mas as duas células já interagiram ganhando o contorno de uma bolinha, visível ao microscópio. A transferência para a trompa pode ser feita nessa fase, e o método ganha o nome de ZIFT (*Zigoto Intra Falopian Transfer*). A primeira divisão do zigoto, que dará origem ao embrião, acontecerá já em seu ambiente natural, dentro da trompa. Ali, as células passarão a multiplicar-se, enquanto o embrião em formação irá caminhando em direção ao útero.

A vantagem que essa técnica oferece, em relação à FIV, é que a chegada do embrião ao útero, partindo da trompa, leva o mesmo tempo gasto em uma gravidez natural, encontrando possivelmente um ambiente uterino mais adequado para a sua implantação. A FIV, que transfere o embrião diretamente para o útero, queima essa etapa de transição, chegando um pouco antes do tempo que seria natural. Entretanto, o ZIFT acabou não tendo uma grande aceitação no meio médico porque o aumento das taxas de fecundação não mostrou-se significativo, e o método também exige um procedimento cirúrgico adicional, que é a laparoscopia.

ICSI – Injeção Intracitoplasmática de Espermatozóide

A ICSI (*Intracytoplasmic Sperm Injection*) foi introduzida no mundo em 1992, por um grupo de pesquisadores que, ao manipular um óvulo na sua zona pelúcida mais para fora da membrana celular, acabou atingindo acidentalmente a membrana e depositou o espermatozóide dentro do citoplasma do óvulo. Após 24 hs foi observado que o óvulo estava na sua divisão inicial formando zigoto. Daí foi descoberto a ICSI. A meu ver a melhor descoberta após o advento da FIV. Tal descoberta permitiu que homens com fatores masculinos muito severos pudessem fertilizar os óvulos de suas esposas e terem seus filhos. Atualmente a gama de indicações para ICSI não se restringe somente a casos de fator masculino grave, como também falhas de fertilização anteriores, problemas imunológicos, endometriose etc.)[19]

Empregada há aproximadamente 15 anos no Brasil e também conhecida como micromanipulação do óvulo, a ICSI está entre as mais complexas na gama de alternativas para a fertilização assistida: trata-se da introdução, por agulha, de um espermatozóide, diretamente no óvulo. Sua utilização recente incluiu, entre os casais que podem se beneficiar dos recursos da medicina para ter um filho biológico, também aqueles que eram considerados estéreis em razão de baixíssimas quantidades de espermatozóides produzidas pelo parceiro ou falta de motilidade dos gametas masculinos para impulsionar a entrada no óvulo.

As técnicas de inseminação ou FIV podem ajudar homens com produção inferior a 20 milhões de espermatozóides por ejaculação, padrão considerado normal. Mas há um limite. Quando a contagem indica não mais do que cinco milhões de espermatozóides por amostra, esses procedimentos nem são recomendados, tamanha a inviabilidade. Para esses casos, foi criada a ICSI (Injeção Intracitoplasmática de Espermatozóide), uma introdução direta do espermatozóide para dentro do óvulo.

Há poucas décadas atrás seria difícil imaginar o uso de instrumentos que pudessem segurar um único óvulo ou capturar um único espermatozóide e, alem disso, auxiliar na fecundação. Hoje eles são usados. Os micromanipuladores só entram em cena no caso de uma ICSI – técnica para injetar o espermatozóide diretamente dentro do óvulo. A célula reprodutiva feminina é suspensa por uma delicada pipeta de sucção. Paralelamente, uma agulha tão fina, que tem o diâmetro menor do que um fio de cabelo, é manipulada para capturar um único espermatozóide entre os milhões da amostra. Já conduzindo a célula masculina, essa agulha perfura o óvulo e injeta ali o precioso conteúdo.

Para uma ICSI, o mesmo procedimento é feito com outros pares de óvulos e espermatozóides que, depois, são mantidos na estufa. No dia seguinte será possível checar se a micromanipulação teve êxito na formação dos zigotos. Em caso positivo, em dois ou três dias após a fertilização, os embriões estarão formados, com duas, quatro, seis ou oito células, e poderão ser transferidos para o útero, assim como ocorre na FIV.

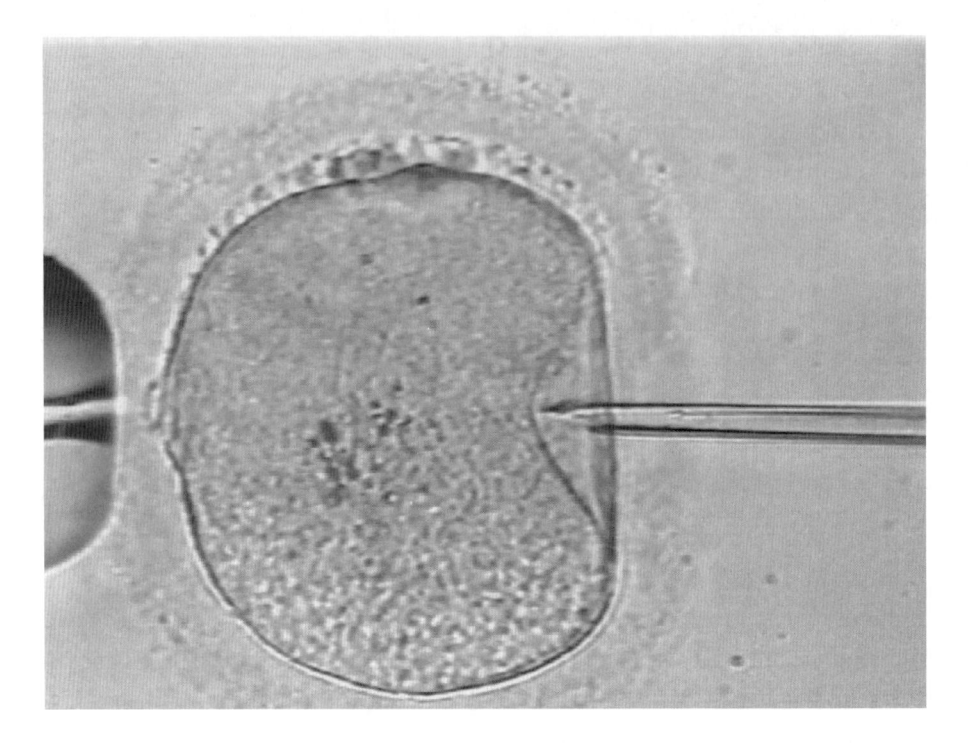

Espermatozóide é injetado dentro do óvulo em uma ICSI

Recuperando os espermatozóides por punção testicular

Em conquistas ainda mais recentes do que a ICSI, foi possível recuperar espermatozóides localizados dentro dos testículos e epidídimo, que, por determinadas razões, não têm gametas no sêmen. Na verdade, são espermatozóides formados, ou uma forma imatura que traz consigo todas as características genéticas. As células, nessa fase, chamam-se espermátides e ficam armazenadas no epidídimo, um tipo de reservatório no interior dos testículos. Muito novinhas, ainda não possuem a cauda que caracteriza o espermatozóide maduro e que lhe dá mobilidade e velocidade. Graças às técnicas de micromanipulação, as espermátides podem ser extraídas e utilizadas na fecundação. A captura das células é feita com uso de uma agulha finíssima, num procedimento que leva poucos minutos e não requer internação. Depois de colhidas, as células são tratadas em laboratório e inseminadas no óvulo com a ajuda da ICSI.[20]

23

A doação de gametas

A OVODOAÇÃO FIGURA COM INCIDÊNCIA cada vez maior entre os recursos empregados para a reprodução assistida, especialmente por mulheres mais velhas (mais de 40 anos). Neste capítulo mostraremos quando e como ela é empregada. Além disso também descreveremos a chamada "barriga de aluguel" para mulheres incapazes de gestar. A utilização de bancos de Sêmen diminuiu por causa da Injeção Intracitoplasmática de Espermatozóide (ICSI), mas ainda beneficia casais que não podem recorrer a essa técnica.

Recorrendo ao banco de sêmen

Sair com um bebê nos braços da maternidade, a partir do recurso à doação de sêmen, é possível para qualquer casal cujo problema seja um quadro de esterilidade masculina irreversível, suspeita de impedimentos genéticos do homem, ou que, por qualquer outra razão relacionada com a saúde masculina, não se enquadrem nos casos para tratamento com FIV ou ICSI. Há casais que optam pela doação por rejeitarem a ideia de tratamentos prolongados ou porque as primeiras tentativas de fertilização assistida não tiveram êxito, em razão de má qualidade do espermatozóide. Esta alternativa, naturalmente, implica que a mulher esteja com as suas funções reprodutivas em ordem, ou que essas condições sejam obtidas mediante tratamento.

O acesso ao banco de sêmen é providenciado pelo médico, a partir de uma decisão do casal. Antes que isso ocorra, todo o tempo que os parceiros precisarem para refletir, buscar aconselhamento psicológico e conquistar segurança para sua escolha, deve ser respeitado. Os passos seguintes em direção à gravidez são simples e animadores. O sêmen a ser utilizado vem de um doador anônimo e saudável que, obrigatoriamente, tenha passado por exames exigidos pelo banco de sêmen. Qualquer dúvida ou insegurança quanto à qualidade e padrão de exigências do banco utilizado deve ser solicitada ao médico. A amostra de sêmen chega congelada à clínica de reprodução, conservando todas as características da amostra quando colhida, e será utilizada no momento em que a mulher, a partir do uso de indutores de reforço à fertilidade, estiver com os óvulos maduros para a fecundação. As técnicas mais frequentemente empregadas são inseminação intrauterina e FIV.[21]

Preservando o próprio sêmen

A infertilidade masculina pode se consumar por causas anunciadas. Homens com produção satisfatória do sêmen que, diagnosticados de outras doenças, são encaminhados para cirurgias de extração dos testículos, devem saber que suas funções reprodutivas estarão encerradas a partir da operação. O banco de sêmen não atende apenas doadores anônimos mas também aqueles que ainda desejam ter filhos mas não poderão gerar novos espermatozóides no futuro. Só nestes casos o congelamento de sêmen para benefício próprio é recomendado. Há uma queda do número e qualidade dos espermatozóides com a idade, entretanto esta não é tão pronunciada e absoluta como no caso da mulher.[22]

A ovodoação

A ovodoação é feita desde o início da década de 90 nas clínicas brasileiras de reprodução. Tecnicamente, trata-se da fertilização *in vitro* de óvulos coletados de uma doadora, fecundados com o espermatozóide do futuro pai, e que depois são transferidos para as trompas ou útero da futura mãe, a receptora. Objetivamente, é possibilidade de realizar o sonho da gravidez por mulheres que não podem ovular, em razão de problemas congênitos, doenças ou mesmo da idade, mas que tenham o útero em condições de promover a gestação. A criança que virá ao mundo trará o código genético do pai e da mãe biológica – a doadora – mas terá toda a sua formação embrionária e fetal no útero da mãe receptora, numa gravidez que em nada difere de outras. Pelo menos não por esse motivo. O fundamental, na ovodoação, é a maturidade emocional e psicológica do casal que opta por esse caminho, o que afinal também é recomendável para qualquer casal que decida ter um bebê.

As receptoras em função da idade

As mulheres mais velhas encontram na ovodoação a tranquilidade e segurança de que serão receptoras de óvulos jovens, de boa qualidade, coletado de uma doadora anônima e saudável. Os óvulos liberados pelas gônadas durante toda a vida reprodutiva da mulher já existem em seu corpo desde o nascimento. A cada ciclo fértil (em que a ovulação de fato ocorre), uma certa quantidade amadurece e, não havendo fecundação, é eliminada. O passar dos anos resulta, ao mesmo tempo, na diminuição do estoque (que tem sua falência na menopausa) e na possível perda de qualidade das células. A deterioração dos óvulos para efeito de fecundação não é, naturalmente, um imperativo para mulheres menos jovens que ainda ovulam e menstruam, tanto que são frequentes nascimentos de bebês saudáveis, filhos biológicos de mulheres que estão encerrando sua vida reprodutiva. Durante um processo de micromanipulação dos óvulos, quando são fecundados por microinjeção do espermatozóide, o médico pode perceber quando há mudanças associadas ao tempo de vida do ovário em algumas (não é uma regra geral) candidatas próximas da menopausa. São maiores, para elas, as chances de que a fecundação não ocorra mesmo com as mais sofisticadas técnicas da medicina. Aumentam também as chances de doenças genéticas, como a Síndrome de Down e outras que, quase sempre, podem ser detectadas em exames precoces da gravidez. Essas preocupações ou impedimentos definitivos em razão da idade estão entre os principais motivos da procura pela ovodoação.[23]

As receptoras por deficiência na produção de óvulos

Uma importante fatia da clientela da ovodoação é motivada pela incapacidade de produzir óvulos de mulheres ainda jovens. As causas são diversas e, em muitos casos, não há como eliminá-las.. A menopausa precose pode ser resultado de alguma enfermidade ou tratamentos como a quimioterapia. Mas, enquanto um conceito, significa apenas que o tempo de vida reprodutiva daquela mulher, – acredita-se que por razões genéticas – é menor.

Tratamentos hormonais poderão devolver o equilíbrio orgânico compatível com a idade, eliminar ou postergar desconfortos característicos da menopausa, mas não poderão renovar o estoque de folículos ou forçar as gônadas a reiniciar suas atividades hormonais ou reprodutivas. Tudo é diferente quando se trata do útero. Este, estimulado por hormônios, é capaz de preparar-se naturalmente para receber um embrião e levar adiante uma gravidez saudável. Uma vez feita a transferência de óvulos fertilizados em laboratório com o sêmen do parceiro, com o devido abastecimento hormonal da futura mamãe por medicamentos, qualquer outra atividade ovariana da mulher grávida é dispensada pela natureza. A preservação do útero, portanto, permite a gravidez, por ovodoação, de mulheres que por qualquer razão tenham perdido suas gônadas: infecções, malformação congênita, doenças ou cirurgias.

As doadoras

Embora sem contatos pessoais e mantidas no anonimato, futuras doadoras e receptoras de óvulos possuem um vínculo psicológico que favorece a decisão de uma e de outra. As doadoras geralmente são mulheres que vivenciam o mesmo drama de lutar contra problemas de fertilidade para ter seu bebê, mas que, ao contrário das receptoras, não tem dificuldades de ovulação. Elas são contatadas em clínicas ou serviços de medicina reprodutiva, pertencendo portanto a um grupo de mulheres mais sensibilizadas frente ao desejo de maternidade de outras que se encontram em condições semelhantes. Como, por necessidade própria, terão que cumprir todas as etapas de indução ovulatória e coleta das células, a decisão de doar não acarreta transtornos clínicos ou tratamentos adicionais, e se transforma num gesto significativo de solidariedade humana.

O processo da ovodoação

O tempo de espera por um óvulo doado varia de uma semana a 90 dias. O tratamento só é definido depois de diagnosticadas as causas da infertilidade e avaliado o estado geral da saúde da receptora. As candidatas a doar e receber respondem a um questionário para rastrear as doenças genéticas até a segunda geração. Na medida do possível, o médico cuidará para que a doadora tenha características físicas semelhantes as da futura mãe ou seu marido. Toda a fase de indução e monitoramento da ovulação será cumprida pela doadora, até a coleta. A sincronização com a receptora será feita através de hormônios para que, no momento da chegada dos embriões ao útero, seu endométrio esteja preparado para que haja o implante de pelo menos um. Confirmada a gravidez, os cuidados seguintes se resumem a um período de emprego de progesterona para assegurar o desenvolvimento do embrião. Mulheres na menopausa tomam doses desse hormônio até a 14ª semana de gravidez.[24]

A barriga de aluguel

A barriga de aluguel é, tecnicamente, uma situação muito parecida com a ovodoação, mas com papéis invertidos. O óvulo de uma mulher é fertilizado e transferido para o útero de outra, que vai gestá-lo. Na ovodoação, a fornecedora do óvulo é mantida no anonimato e a verdadeira mãe do bebê é aquela que o terá crescendo no útero, após a transferência do embrião. No caso da barriga de aluguel, não é possível o anonimato. Quem fornece o óvulo é a própria mãe biológica do bebê, que o terá nos braços após o nascimento. O óvulo será fecundado em laboratório com esperma de seu parceiro, mas a gravidez se desenvolverá na barriga de outra mulher.

O termo *barriga de aluguel* popularizou-se por ser uma maneira coloquial de dizer que as condições adequadas para a gestação foram "emprestadas" por outra mulher. Isto, no entanto, não significa de forma nenhuma que é possível contratar uma pessoa para gerar a criança de outra. Trata-se, na realidade, de "útero de substituição", um gesto de grande altruísmo.

A barriga de aluguel só é recomendada para mulheres que apresentem infertilidade de causa uterina não tratável, como, por exemplo, aquelas que perderam o útero em razão de um tumor grave, tiveram o útero seriamente lesado em alguma curetagem ou nasceram sem útero por fatores congênitos. Muitas dessas mulheres possuem um ciclo hormonal em pleno funcionamento, com boa ovulação, e tem um parceiro com boa produção de espermatozóides: tudo o que é necessário para a fecundação. No entanto, elas dependem de um útero alheio que possa abrigar e desenvolver o bebê.

Os casos de barriga de aluguel são bem mais raros do que os de ovodoação. Um dos motivos para isso é que há muitas mulheres com problemas de ovulação, principalmente aquelas que deixaram a gravidez para mais tarde e acabam precisando de um óvulo doado. Por outro lado, mulheres que não têm qualquer condição uterina para a gravidez – e que nunca tiveram filhos antes de perder o útero – são muito poucas comparativamente. Outro motivo é a questão do anonimato, que não é possível nos procedimentos de barriga de aluguel.

Mais do que uma doadora, a mulher que decide ter um filho gestado em um útero alheio precisa de uma verdadeira amiga. Além disso, é necessário que haja traços sanguíneos até 2º grau entre as duas mulheres. A futura mãe biológica tem de encontrar alguém de sua plena confiança que esteja disposta a uma grande doação pessoal. Por tudo isso, a medicina tem critérios rigorosos quanto à indicação da gestadora. Deve ser uma parente de até segundo grau: mãe, irmã, prima ou sobrinha; e a condição é que o empréstimo do útero não seja um "serviço" pago.

Tanto a mãe biológica quanto a gestadora passam por tratamento para que a barriga de aluguel ocorra. A primeira passa por um controle de ovulação e depois pela cirurgia para retirada do óvulo que será fecundado em laboratório pelo espermatozóide de seu parceiro, em um procedimento idêntico à fertilização *in vitro*. A segunda terá de fazer um tratamento hormonal para que seu útero esteja receptivo no momento da transferência. Isso é feito com medicamentos que bloqueiam o ciclo hormonal, seguidos de outros que deixam o útero da mesma forma que estaria logo após a ovulação: pronto para um embrião.

No caso de uma barriga de aluguel, a transferência dos embriões é feita da mesma forma que em uma fertilização *in vitro*.

DIÁRIO DE UM ESTERILEUTA

Quando nem a distância é um problema

Certa vez, atendi um caso que envolvia duas mulheres que moravam em cidades diferentes, uma em São Paulo e outra em Fortaleza. Elas eram primas-irmãs e, antes de chegar ao consultório, já haviam tomado juntas a decisão de levar em frente o método da barriga de aluguel para que uma delas pudesse ter um bebê.

A futura mãe biológica tinha 23 anos, mas nascera com "útero rudimentar sólido", ou seja, má-formação do sistema embrionário que desenvolve o útero. Com o órgão pequeno demais, ela nem menstruava. No entanto, tinha os ovários perfeitos e funcionando regularmente. Já sua prima, com 20 anos de idade, tinha uma boa saúde reprodutiva e a decisão de socorrer a parente.

As duas passaram pelo tratamento e, formado o embrião na estufa, foi feita a transferência e a gravidez seguiu com sucesso.

Essas duas mulheres eram casadas e a solução que encontraram para que os pais biológicos pudessem acompanhar a gestação de perto foi a mudança de um dos casais para Fortaleza. Quem se mudou foi a gestadora, ou seja, a doadora da barriga para a gravidez que permitiu que sua prima tenha hoje o tão desejado filho nos braços.

Esse caso foi um bom exemplo de quanto a pessoa que se dispõe a ajudar uma parente nessas circunstâncias precisa estar disposta a doar-se, tanto na preparação quanto durante os nove meses de gestação, sempre desejando sinceramente que a outra realize o sonho de ser mãe.

24

A vitrificação

Óvulos para mais tarde
Preservando a fertilidade

DURANTE MUITO TEMPO a medicina tentou operar um milagre que parecia impossível: congelar óvulos para uma inseminação futura, sem que o próprio congelamento destruísse as células delicadas. Como é natural quando a temperatura baixa demais, os líquidos se solidificam e o volume se expande. É o bastante para que a microscópica quantidade de água dentro do óvulo forme cristais que cortam como lâminas afiadas as membranas e estruturas das células, destruindo-as.

Pensando em medidas ínfimas, um óvulo tem dentro de si bem mais água que um espermatozóide, e por isso as células femininas nunca puderam ser utilizadas para a criogenia, que é a conservação por meio de congelamento e imersão em nitrogênio líquido. É uma técnica empregada com sucesso para congelamento de sêmen, e também para preservar embriões já formados, por terem os tecidos mais elásticos. Mas com os óvulos, não era possível. E isso desafiava cientistas.

A busca de resposta, se era importante para a medicina, para ampliar ao longo do tempo as possibilidades de fertilização após a coleta dos óvulos, para as mulheres de modo geral seria uma mudança revolucionária. Não viria beneficiar apenas as que enfrentam transtornos precoces à sua capacidade reprodutiva, em razão de doenças, mas também aquelas com desejo de planejar a maternidade para mais tarde.

Fazendo um paralelo com a maior conquista em medicina reprodutiva, do ponto de vista do impacto positivo sobre a emancipação feminina, a invenção da pílula anti-concepcional permitiu que as mulheres usufruíssem por mais tempo a vida sexual sem risco de engravidar, postergando até casamentos – muitas vezes determinados por gravidez indesejada. Mas ainda assim continuaram sob pressão do relógio biológico. Se não engravidam até certa idade, os estoques de óvulos aos poucos se esgotam e uma gravidez pode tornar-se inviável. A possibilidade de preservar óvulos férteis veio ampliar esse poder de decisão sobre o momento de ser mãe.

Em 2008, a medicina venceu o desafio

Se a água congelada dentro da célula era o grande adversário da sua conservação, o desenvolvimento de uma técnica para desidratar o óvulo e proteger suas estruturas foi o passo decisivo que permitiu, em 2008, o sucesso do procedimento chamado "vitrificação do óvulo". Antes do congelamento, os óvulos são banhados por um líquido "crio-protetor", que produz justamente esse efeito: desidrata a célula e forma um envólucro em torno dela, como a parte firme de um drops recheado. O óvulo no interior preserva as mesmas condições do momento da coleta e não sofre lesões no procedimento que vem a seguir: é rapidamente congelado a − 196 °C, sem tempo para formação de cristais, e imerso em nitrogênio líquido. Assim será mantido até o momento em que a mulher se sinta preparada para ser mãe.

Para muitas mulheres, a alternativa da vitrificação faz a diferença entre preservar ou perder para sempre a capacidade reprodutiva. Pouca coisa era mais triste em reprodução assistida que uma mulher jovem, com óvulos saudáveis e desejo de ser mãe, diante da notícia de que alguma doença inesperada seria tratada com terapias químicas ou radiativas que poderiam destruí-los. Ao poupar seus óvulos antes da medicação agressiva, ela pode contornar essa fase penosa como qualquer outra que queria preservar a fertilidade.

Embora seja um procedimento laboratorial sofisticado, não há diferença para uma mulher disposta a congelar óvulos para o futuro entre o processo de preparação a que seria submetida em um caso de FIV ou ICSI: primeiro a indução da ovulação, com administração de hormônios, depois a retirada dos óvulos por aspiração. Os óvulos vitrificados poderão ser utilizados para ampliar as chances de uma fertilização ter sucesso – não inseminando todos os

DIÁRIO DE UM ESTERILEUTA

A escolha da vitrificação para driblar o relógio biológico

Karina me procurou com um pedido que passa pela cabeça de muitas mulheres quando chegam sem parceiros perto dos 35 anos e querem ser mães: estava interessada na produção independente, disposta a recorrer a um banco de sêmen e encarar a vida de mãe solteira. Mas ela não estava feliz com a própria escolha. Não se tratava de um projeto de vida, mas a tentativa de salvar o plano da maternidade de um casamento que acabava de naufragar. Ouvi sua história.

Apaixonada pelo mundo da moda e talentosa como cabeleireira, Karina se casou quando ainda fazia cursos para dominar todas técnicas da profissão. Estava com 26 anos e correndo atrás de uma formação que lhe ajudasse a concretizar o projeto de montar e gerenciar um salão de beleza completo. O marido também ainda estava construindo sua carreira na área de administração de imóveis e acharam que deveriam buscar primeiro a estabilidade profissional para depois aumentarem a família. E tudo foi dando certo para os dois.

De cabeleireira, Karina se tornou empresária. E o marido um corretor bem sucedido. Bem instalados, com renda satisfatória, e já com 34 anos, foi quando Karina começou a falar em melhorar a casa para a vinda de uma criança que veio a surpresa. Com receio de que ela levasse os sonhos adiante, o marido resolveu abrir o jogo e contar de um outro envolvimento amoroso. O casamento não resistiu.

Entendi que Karina não estava suportando a idéia da perda dupla: o companheiro e a maternidade e decidira tentar evitar uma delas. Mas como uma mulher que havia se planejado tanto para uma família estruturada, era evidente que seu sonho de maternidade incluia a figura de um pai presente e capaz de dividir com ela essa nova etapa de vida.

Jovem e levando uma vida saudável, Karina era o tipo de paciente que poderia esperar um pouco mais pela gravidez. Mas seus ovários não dispunham de muito mais tempo. Mesmo assim, foram muito importantes as conversas no consultório para que ela pudesse refletir sobre a escolha que estava fazendo, ao mesmo tempo impetuosa e consciente do relógio biológico.

A solução para essa jovem surgiu quando ela disse que gostaria de poder parar o tempo, apenas para poder reconstruir sua vida e voltar a pensar nisso quando estivesse pronta emocionalmente, com ou sem o parceiro dos seus sonhos. E foi assim que a alternativa da vitrificação de óvulos apareceu em seu socorro.

Karina tomou medicamentos para induzir a ovulação e, no momento certo, teve doze óvulos coletados e congelados. Eles estão guardados, a espera dela, que está de novo organizando a vida para ser mãe.

DIÁRIO DE UM ESTERILEUTA

Solidariedade anônima na ovodoação

Leonor e João Paulo sempre acreditaram que os filhos viriam por métodos naturais, ambos filhos de famílias numerosas e com certa compaixão por casais sem filhos. Chegavam a falar um ou outro da sensação que tinham de que essas pessoas não eram felizes por completo. Para eles, ser mãe e pai era a decorrência natural do casamento. Mas quando perceberam que estavam no quarto ano de casados, mais quase dois de namoro, com vida sexual ativa e regular, sem uso de preservativos e nem sinal de bebê, sentiram medo pela gravidez estar demorando tanto. Ela procurou um serviço público em sua cidade e se dispôs a fazer todos exames. E apesar da resistência inicial de João Paulo, o serviço médico exigiu que ele iniciasse os exames também.

João Paulo fez e repetiu o exame, tomou remédios, fez novamente. Não restou dúvida. Embora Leonor, aos 25 anos, tivesse um ciclo bem regulado, saúde reprodutiva e boa ovulação, a baixa quantidade de espermatozóides do marido estava reduzindo muito as chances de fecundação por meios naturais. Ainda relutantes me procuraram e acabaram entusiasmados ao saber que a medicina poderia ajudar através de uma FIV.

Para esse jovem casal de comerciários, arcar com os custos mínimos do procedimento exigiria economias aos quais estavam dispostos, como vender seu único meio de transporte, mas mesmo assim precisariam de um tempo de sacrifícios e espera. Mas quando vieram para remarcar uma consulta para bem depois do que gostariam, Leonor me disse algo que acabou mudando essa história.

Ela me contou que quando percebeu o risco de nunca terem filhos, pensou em outras pessoas que passam pela mesma situação. E se na sua ovulação induzida produzisse mais óvulos do que precisaria para engravidar, gostaria de doá-los a mulheres que estivessem em alguma fila de espera.

Na hora, me lembrei de Deborah e Pedro Henrique, um casal que aguardava ansiosamente por uma notícia dessas e que insistia em arcar com todo procedimento de indução, coleta e congelamento das células a serem doadas, incluída a FIV para a doadora anônima.

Eu não poderia, pela ética da Reprodução Assistida, aproximar esses casais. Deborah e Pedro Henrique tiveram sua FIV por meio de ovodoação. Leonor e João Paulo tiveram sua FIV antecipada. Eles jamais se conheceram. Mas estiveram mais perto do que imaginam, pelos laços da solidariedade que unem famílias a espera de um bebê.

óvulos de uma vez, ou mesmo no caso daqueles mulheres que querem doar células reprodutivas para outras, anônimas, que dependam deste gesto para engravidar. Ou podem ser mantidos por anos enquanto a futura mãe organiza sua vida para a maternidade. Colhidos de pacientes com até 35 anos de idade, a taxa de sobrevida dos óvulos vitrificados é de mais de 95%, conservando as mesmas características do óvulo jovem. Uma vez inseminados para fertilização, a taxa de gravidez é de aproximadamente 65%, maior portanto que as estatísticas para a gravidez obtida por métodos exclusivamente naturais.

Parte V:

Considerações Finais

25

O momento de discutir a adoção

A ADOÇÃO NÃO É APENAS UMA SOLUÇÃO PARA A ESTERILIDADE. Ela pode ser a escolha de casais com mais filhos ou que preferem adotar do que gerar uma criança. Não é possível falar em vantagens ou desvantagens da adoção como um prognóstico para casais estéreis, nem mesmo no que se refere ao risco de doenças genéticas. Trata-se simplesmente de uma escolha consciente.

Ao contrário do que se ouve falar, a adoção não aumenta a taxa de gravidez nos meses subseqüentes ao momento em que é realizada. Na realidade, existe um fator que gera essa confusão. Muitas vezes, quem adota acabou de abandonar um tratamento de correção de diversos fatores da infertilidade. Como uma parcela dos pacientes que abandonam o tratamento tende a engravidar, essas pessoas acabam engravidando. Em um estudo que pareou grupos que adotaram com pacientes que não adotaram, não houve diferença significativa na taxa de gravidez.[1]

É inquestionável que a decisão de tentar ou não adotar uma criança é exclusiva do casal, mas faz parte do trabalho do esterileuta fechar um prognóstico. Ele deve apontar ao casal os caminhos possíveis para a conquista de um bebê e, se o único caminho é a adoção, é seu dever colocá-lo claramente ao paciente. Indicar ou não a adoção em um prognóstico de infertilidade irreversível, no entanto, diz muito mais respeito à decisão e à disponibilidade afetiva do casal do que a orientações médicas.

A confirmação de infertilidade incurável pode ser devastadora, mas manter-se apegado a uma esperança sem fundamento é ainda mais prejudicial para o casal. Se não existem chances ou se elas são remotas, os parceiros devem conhecer e vislumbrar caminhos concretos: adotar um bebê ou mudar os projetos de vida. Depois de assimilada, a notícia da infertilidade incurável também

DIÁRIO DE UM ESTERILEUTA

Um caminho mais curto

Aquela consulta com Célia e Artur tinha sido intencionalmente marcada como a última do meu expediente. Sabia que seria uma conversa delicada. Célia não poderia gestar um bebê em seu próprio útero e, embora ela já tivesse os elementos para concluir qual seria o diagnóstico final, isto ainda não tinha sido conversado formalmente. Eu também sabia, pela convivência nos últimos meses, que os dois descartariam a idéia de uma barriga de aluguel. Chegava então a hora de falarmos seriamente sobre a possibilidade de uma adoção. O médico, no entanto, deve estar pronto para momentos mais complicados e a consulta de Célia e Artur naquele fim de tarde seria um momento difícil que eu teria de encarar.

Antes de procurar meu consultório, Célia já havia feito um tratamento com citrato de clomifene para aumentar sua ovulação, pois os exames não indicavam nenhum problema em Artur. No entanto, não houve resultados positivos. Na realidade, um bom tempo depois de já ter interrompido o uso dos indutores, Célia chegou a ficar grávida, mas o acontecimento foi logo seguido de um aborto e, depois disso, todas as tentativas para engravidar por relações normais fracassaram.

Célia e Artur chegaram ao meu consultório cheios de esperanças. Afinal, ela já havia conseguido engravidar uma vez. Agora buscavam ajuda para uma nova tentativa, por meio da FIV, que incluísse o tratamento necessário para diminuir o risco de um outro aborto. Infelizmente, o caso não era tão simples.

Uma radiografia revelou que Célia apresentava uma má-formação uterina. Como conseqüência, desenvolveu um "útero bicorno", que é uma anatomia incompatível com a gestação de uma criança. Lembro bem como Célia ainda tentou se apegar à única esperança que tinha para engravidar.

Ela teria que se submeter a uma cirurgia delicadíssima: unir as duas partes de seu útero para formar uma cavidade só e, depois, passar por uma plástica interna. Durante muito tempo, teria de tomar altas doses de hormônio para desenvolver o endométrio da cavidade e, depois, ainda arriscar uma FIV. Seu útero aceitaria um embrião? Era impossível ter certeza. Para o casal, no entanto, seria um sofrimento prolongado demais. Quem sabe, então, uma adoção?

Como eu havia previsto, foram três horas de consulta muito emocionantes. Quando nos despedimos, percebi que Célia ainda precisaria chorar mais até assimilar tudo aquilo. Artur também se continha. Já sabiam tudo que precisavam fazer, mas como administrar as emoções? Não sei como isso foi feito pelo casal, que ficou mais de um ano sem dar notícias. Soube deles perto do Natal do ano seguinte, quando recebi um telefonema de Boas Festas e uma ótima notícia. Os dois tinham um filhinho, um lindo menino, que adotaram. Sem dúvida, foi uma escolha muito pensada. Afinal, Célia ainda poderia tentar a sua última chance: tratar-se cirurgicamente e recorrer à FIV. No entanto, ela descobriu um caminho mais curto para ter seu bebê.

---

tem o poder de aliviar um sofrimento contínuo e de interromper o estresse da busca incessante, capaz de deixar a vida e o futuro do casal em suspenso.

A adoção, no entanto, nunca é recomendada quando o casal não tem segurança de que amará essa criança mesmo que problemas futuros apareçam – e eles podem aparecer, inclusive com filhos biológicos. Essa possibilidade deve ser considerada da seguinte forma: filhos ficam doentes e têm problemas de origem genética ou desconhecida, sejam eles biológicos ou adotivos.

Há, no entanto, uma circunstância diferente na adoção que merece a atenção dos futuros pais. Trata-se do fato de que a criança em situação de adoção tem um histórico do qual seus novos pais não fizeram parte. Sempre que possível, é importante tentar recuperar o máximo de informações sobre a fase de gestação, o parto e os antecedentes de doenças familiares. Quando essas informações não existem, é aconselhável contar com um bom pediatra para os exames clínicos necessários. É um gesto de amor pela criança procurar saber o máximo a seu respeito.

26

Os códigos de ética

EM 1998, UM CASO MUITO RADICAL de uso das técnicas de reprodução assistida chamou a atenção da comunidade médica, dos meios jurídicos e da imprensa no Brasil e no mundo. Um casal de cidadãos norte-americanos, ao se deparar com o diagnóstico de infertilidade definitiva, percebeu que, combinando diversas técnicas de reprodução assistida, poderia planejar a chegada de um bebê.

O homem tinha graves deficiências na qualidade do espermatozóide e sua única saída viável seria recorrer a um banco de sêmen. A mulher tampouco tinha óvulos para a fecundação e decidiu utilizar uma ovodoadora. Havia mais um impedimento para a gravidez: a mulher não poderia gestar o bebê em seu próprio útero. Então, o casal providenciou uma voluntária para a gestação, por meio do método conhecido como *barriga de aluguel*.

A despeito de tantos agravantes, os meios escolhidos pelo casal foram empregados durante o processo de reprodução assistida e, finalmente, nasceu o bebê.

O caso e todas as implicações éticas que suscitava poderiam ter passado sem maiores repercussões, não fosse por desdobramentos posteriores. O casal, à época do nascimento da criança, decidiu se separar e a guarda do filho transformou-se em assunto para a justiça. Ao ser informado de todo o processo pelo qual se deu a gravidez, o juiz sentenciou que a criança não tinha pais. Se foi ou não a decisão mais acertada, talvez apenas as pessoas diretamente envolvidas possam avaliar. No entanto, o que se coloca para a comunidade médica, do ponto de vista ético, é a validade do uso dos recursos de que a ciência dispõe hoje em qualquer caso onde tecnicamente possam ser empregados.

Ainda que, ao contrário do que aconteceu, o casal tivesse uma relação estável e duradoura, sua opção extrapolou os limites éticos que orientam a reprodução assistida, beirando a manipulação diversionista da vida humana e, no mínimo, constituindo-se em uma atitude de arrogância. Se a criança poderia ser biologicamente de mãe e pai desconhecidos e gestada por uma terceira pessoa, que diferença havia entre o procedimento escolhido e um processo normal de adoção, a não ser o desejo de controlar todas as etapas que levaram ao nascimento?

Assim como esse caso, outras situações levadas às clínicas de esterilidade exigem do especialista sua própria interpretação dos códigos de ética que regem a área da reprodução humana. Além disso, diante da falta de legislação para o uso de muitos recursos inovadores criados pela ciência, muitos casos ainda sem jurisprudência chegam à Justiça para serem resolvidos. Um dos assuntos que têm criado polêmicas e interpretações divergentes em diferentes países é a possibilidade de se promover a gravidez de mulheres solteiras que não tenham um parceiro fixo para assumir a paternidade da criança. A gravidez de casais que não têm nem desejam uma relação estável também é questionável.

A clonagem é outra questão que tem sido cada vez mais discutida pela mídia, pelos médicos e pela sociedade de diversos países. A possibilidade de unir uma célula não sexual a um óvulo sem núcleo é o princípio desse procedimento que certamente despertará interesse nos casais que não conseguem produzir seus próprios gametas. Entretanto, a clonagem esbarra em problemas não apenas éticos, mas também de ordem técnica e legal.

Do ponto de vista técnico, o procedimento vem mostrando baixíssima eficácia em animais e apresentando altas taxas de aborto, más-formações e mortes intra-uterinas e pós-natais.[2] Do ponto de vista ético, o debate ainda vai permanecer aberto por muito tempo. Aqueles que atacam o processo de clonagem vêem o perigo da "fabricação" de indivíduos sem personalidade e do uso da clonagem para fins políticos escusos. Aqueles favoráveis se baseiam no fato de que a restrição do uso da clonagem impede casais que não podem gerar filhos de serem assistidos corretamente. Portanto, essa questão ainda é muito prematura em nossos conceitos éticos e precisa ser discutida mais a fundo.[3]

Para concluir, em qualquer situação, as normas éticas devem ser interpretadas como condicionantes para que as técnicas de reprodução assistida sejam empregadas para beneficiar casais que se declarem dispostos a se apoiar mutuamente na criação e na formação de um ser humano. Hoje, surgem cada vez mais notícias de pessoas sozinhas ou casais homossexuais que reivindicam também o direito de assumirem filhos, seja pela adoção, pelo auxílio de doadores ou da barriga de aluguel, ou ainda pelo uso de qualquer das técnicas de reprodução assistida. São temas nos quais os códigos de ética ainda terão de se aprofundar.

Conclusão

Uma conversa de médico para paciente

MEU PRINCIPAL OBJETIVO AO ESCREVER ESTE LIVRO foi esclarecer as dúvidas mais comuns que você, leitor, pudesse ter sobre os tratamentos em Reprodução Humana. Para isso, era fundamental discutir e explicar as causas e tratamentos da infertilidade feminina e masculina, além, é claro, de abordar os principais métodos de reprodução assistida. Espero que ao terminar a leitura deste livro, você tenha efetivamente adquirido uma visão mais clara e realista da reprodução humana e do tratamento da infertilidade. Antes de encerrar o livro, no entanto, eu gostaria de fazer algumas ponderações finais que considero de suma importância para o sucesso dos tratamentos em reprodução humana.

Um dos pontos que quero enfatizar é que a reprodução humana é um evento de baixa eficiência. Ao contrário de outros mamíferos, cuja chance de fertilização e implantação do embrião no útero chega até a 95%, a probabilidade de a gravidez ocorrer em determinado mês em uma mulher não ultrapassa 20%. Em decorrência dessa baixa eficiência de nossa espécie, todos os tratamentos de infertilidade devem considerar a possibilidade de não surtirem efeito em determinado ciclo, refletindo a própria fisiologia natural da reprodução. Estou reforçando esse dado pois é a partir dele que devemos raciocinar para propor um tratamento correto de infertilidade. Além disso, essa baixa eficiência da reprodução humana torna a repetitividade e a persistência no tratamento extremamente importantes para que se alcance um resultado positivo na luta contra a infertilidade.

Outro aspecto que eu gostaria de enfatizar é que a medicina reprodutiva em nada difere de outras especialidades médicas, onde busca-se um diagnóstico correto e bem minucioso antes de se estabelecer uma estratégia de tratamento que apresente as melhores chances com os menores custos físicos, emocionais, financeiros e sociais. Faço questão de insistir nesse ponto: um diagnóstico correto e uma estratégia de tratamento extremamente elaborada tendem a aumentar as chances de sucesso ao indicarem um procedimento correto e bem dimensionado. Aliás, nunca se esqueça de que um bom diagnóstico traz a segurança necessária para que, no caso de a gravidez não ocorrer em determinado ciclo do tratamento, se tenha quase certeza de que o ocorrido deveu-se a um processo normal e não a algum erro de diagnóstico. Na realidade, quanto mais bem estabelecido estiver o diagnóstico, melhores serão as condições para se montar uma estratégia de tratamento eficaz.

Após o processo de diagnóstico, o médico vai discutir com você a eficácia e a indicação de cada forma de procedimento, levando em conta os diagnósticos estabelecidos e oferecendo o melhor tratamento possível para o seu caso. Acho importante ressaltar que os tratamentos devem ser individualizados e baseados na idade dos parceiros, no tempo de infertilidade observado, nos diagnósticos masculino e feminino e na expectativa estatística de gravidez que cada casal apresenta. Não se deve propor ou adotar um tratamento exageradamente aumentado ou diminuído, pois isto não trará melhores resultados, mas apenas custos emocionais e financeiros para você e seu parceiro ou parceira.

Embora do ponto de vista físico os tratamentos em reprodução humana não sejam agressivos a ponto de promover complicações para a saúde do paciente ou de exigir internações prolongadas, do ponto de vista psicológico eles trazem várias implicações que quero comentar nestes últimos parágrafos do livro. Antes de mais nada, é importante que a frustração que os tratamentos de infertilidade acarretam e suas implicações psicológicas não sejam negligenciadas nem pelo médico nem pelo paciente. Tampouco se deve desconsiderar o fato de que a possibilidade de abandono durante o período de tratamento é bastante alta, principalmente em decorrência dos altos e baixos psicológicos sofridos durante esse período. Aliás, é bem provável que você, caso esteja em tratamento, tenha a vontade de abandonar tudo para não viver a situação de grande incerteza que permeia a luta contra a infertilidade. É natural que você enfrente sentimentos de baixa autoestima e mesmo de frustração diante da vida. Perguntas como "Por que eu?", "Por que comigo?" ou "O que que eu fiz para merecer isso de Deus?" também são comuns e revelam sentimentos absolutamente normais que não devem ser encarados como motivos para abandono do tratamento. Afinal, quanto mais tempo um casal permanece em tratamento, maior a chance de gravidez. Por isso, a compreensão de que a chance de engravidar se acumula e aumenta ao longo do tratamento deve estar impregnada nos sentimentos do casal, que deve considerar o desafio da persistência como uma ferramenta para a fortificação do relacionamento a dois. Bons esterileutas, por sua vez, devem considerar e valorizar os sentimentos das pessoas que têm a sua vida em suspenso à espera de um resultado para por fim à dura batalha existencial para segurar um bebê no colo.

 Nunca se esqueça de que a fertilidade é uma parceria que envolve a interação entre os gametas masculino e feminino. Vários aspectos, desde a integridade do óvulo e do espermatozóide até a freqüência das relações sexuais, afetam diretamente essa interação. Por isso, é fundamental que você tenha em mente que não há um culpado ou culpada pelo não-acontecimento da gestação. A dificuldade de engravidar é sempre um problema do casal e deve ser tratada e encarada como tal. O tratamento da infertilidade, portanto, deve ser visto acima de tudo como uma verdadeira e mútua declaração de amor do casal. Nessa declaração está implícita a vontade de permanecerem juntos e constituírem uma família, onde um verá o outro como uma pessoa com valores filosóficos e humanos à altura de se tornar pai ou mãe. A tônica desse pensamento deve permanecer em todo o período de tratamento e você não deve esmorecer em idéias negativas que podem levar ao abandono do tratamento e à impossibilidade de se realizar um grande sonho.

 Particularmente, entendo o casamento como uma interação de afinidades onde existe amizade, respeito, cumplicidade e harmonia. Com isso em mente, considero de extrema importância a franqueza na expressão dos sentimentos entre os cônjuges ou companheiros durante todo o período de luta contra a infertilidade. Somente um casal unido em seus propósitos e confiante no amor mútuo conseguirá persistir nas difíceis condições de uma espera, muitas vezes prolongada, pelo tão sonhado bebê.

 Por fim, quero dar-lhe uma palavra de esperança e dizer que nunca a medicina reprodutiva conseguiu tanto como nesses últimos dez anos. Atualmente, a convergência de um diagnóstico correto e de um tratamento bem realizado com a confiança na cumplicidade do parceiro e o apoio psicológico da equipe médica tem aumentado em muito o sucesso dos tratamentos. Além disso, minha experiência de 25 anos como médico esterileuta me mostrou que, por mais que um casal se sinta incapaz de suportar o sofrimento de um tratamento, ele sempre consegue superar suas próprias angústias e aproveitar a fantástica oportunidade de se fortalecer como família, sendo grande a possibilidade de ter um bebê no colo.

É minha esperança que, depois de ler este livro, você esteja mais preparado ou preparada para atravessar o período de turbulência que a infertilidade trouxe a sua vida. Além disso, espero que as informações contidas aqui tenham lhe dado força para vencer cada batalha da difícil luta contra a infertilidade.

Dr. Paulo Eduardo Olmos

Notas Bibliográficas

APRESENTAÇÃO

1 RICCI, J. V. The genealogy of gynaecology: history of the development of gyllaecology throughout the ages. Philadelphia: Blakiston, 1943.
2 SPEERT, H. *Obstetrics and Gynecology* in America: a history. Baltimore: Waverly Press, 1980.

PARTE I

1 MOGHISI, K. S. Sperm migration through the human cervix. In ELSTEI, M., MOGHISI, K. S., BORTH, R. (ed.). *Cervical mucus in humall reprodution.* Copenhagen: Scriptor, 1973.
2 SHIVERS, C. A., DUNBAR, B. S. Autoantibodies to zona pellucida: a possible cause for infertility in women. *Science*, 197:1082-4, 1977.
3 ROWE, P. J., COMHAIRE, F. H., HARGREAVE, T. R, MELLOWS, H. J. WHO *Manual for the standardized investigation and diagnosis of the infertile couple.* Cambridge (UK): Cambridge University Press, 1993.
4 JAFFE, S. R, JEWELEWICZ, R. The basic infertility investigation. *Fertility and Sterility*, 56:599-613, 1991.
5 ARNY, M., QUAGLIARELLO, J. Semen quality before and after processing by a swim-up method: relationship to outcome of intrauterine insemination. *Fertility and Sterility*, 48:643-8, 1987.
6 SCHRADER, S. M., TURNER, T. W., BREITE STEIN, M. J., SIMON S. D. Longitudinal study of semen quality on unexposed workers. I. Study overview, *Reproductive Toxicology*, 2:183-90, 1983.

7   GEMZELL, C., ROOS, P. Pregnancies following treatment with human gonadotropins. *Americaln Journal of Obstetrics and Gynecology*, 94:490-6, 1966 .
8   DEBUISSON, J. R., CHAPRON, C., MORICE, P., AUBRIOT, F. X., FOULOT, H., JOLINIERE, J. B. Laparoscopic salpingostorny: fertility results according to the tubal mucosal appearance. *Human Reproduction*, 9:334-9, 1994.
9   GOMEL, V., TAYLOR, P. J. In vitro fertilization versus reconstructive tubal surgery. *Journal of Assisted Reproduction and Genetics*, 9:306-9, 1992.
10 JONES, G. S., AKSEL, S., WENTZ, A. C. Serum progesterone values in the luteal phase defects. *Obstetrics and Gynecology*, 44:26-34, 1974.
11 LUNENFELD, B. Treatment of anovulation by human gonadotropins. *Journal of Gynecology and Obstetrics*, 1:153-7, 1963.
12 WORLD HEALTH ORGANIZATION. *Laboratory manual for the examination of human semen and semen-cervical mucus interaction*. Cambridge (UK): Cambridge University Press. 1993.
13 REISNER, C. The etiology of retrograde ejaculation and a method for insemination. *Fertility and Sterility*, 12:488-90, 1961.
14 OHASHI, K., SAJI, F., KATO, M., TSUTSUI, T., TOMIYAMA, T., TANIZAWA, O. Acrobeads test: a new diagnostic test for assessment of the fertilizing capacity of human spermatozoa. *Fertility and Sterility*, 63:625-30, 1995.
15 MOLLER, A., FALLSTROM, K. Psychological consequences of infertility: a longitudinal study. *Journal of Psychosomatie Obstetrics and Gynecology*, 12:27-45, 1991.
16 SALZER, L. P. *Surviving infertility*: a compassionate guide through the emotional crisis of infertility. New York: Harper Perennial, 1991.
    MAHLSTEOT, P. The psychological component of infertility. *Fertility and Sterility*, 43:335-46, 1985.
    WRIGHT, I. O., OUCHESNE, C., SABOURIN, S., BISSONETTE, F., BENOIT, I., GIRARD, Y. Psychosocial distress and infertility: men and women respond differently. *Fertility and Sterility*, 55: 100-8, 1991.
17 JONES, G. S. The clinical evaluation of ovulation and the luteal phase. *Journal of Reproductive Medicine*, 18:139-42, 1977.
18 MEZROW, G. The cervical factor as a cause of infertility. In: LOBO, R., MISHELL, D. R., PAULSON, R. I., SNOUPE, D. (Eds.). *Infertility, contraception and reproductive endocrinology*. Boston: Blackwell Scientific, 1997. p. 542.
19 KARANDI, V. C., KORN, A., MORRIS, R., RAO, R., BALIN, M., RINEHART, I., DOHN, D., GLEICHER, N. Prospective randomized trial comparing the outcome and cost of in vitro fertilization with that of a traditional treatment algorithm as first line therapy for couples with infertility. *Fertility and Sterility*, 71: 468-75, 1999.

20 ABBEY, A., ANDREWS, F. M., HALOMAN, L. J. The importance of social relationships for infertility couples well-being. In: STANTON, A. L., DUNKEL-SCHETTER, C. (Eds.). *Infertility*: perspectives from stress and coping research. New York: Plenum Press, 1991. p. 6 I.

21 KEYE, W. R. Psychosexual responses to infertility. *Clinical Obstetrics and Gynecology*, 27:760-6, 1984.

22 GALLINELLI, A., RONCAGLIA, R., MATTEO, M. L., CIACCIO, L, VOLPE, A., FACHINETTI, E. Immunological changes and stress are associated with different implantation rates in patients undergoing in vitro fertilization-embryontransfer. *Fertility and Sterility*, 76:85-91, 2001.

23 MOSHER, W. O., PRATT, W. E. The demography of infertility in the United States. In ASCH, R. H., STUDD, J. W. (Eds.). *Annual Progress in Reproductive Medicine*. Pearl River (NY): The Parthenon Publishing Group, 1993. p. 37-43.
    GREENHALL, E., VESSEY, M. The prevalence of subfertility: a review of the current confusion and a report of two new studies. *Fertility and Sterility*, 54:978-83, 1990.

24 WILCOX, L. S., MOSHER, W. D. Use of infertility services in the United States. *Obstetrics and Gynecology*, 82:122-7, 1993.

25 CRAMER, O. W., WALKER, A. M., SCHIFF, I. Statistical methods in evaluation of the outcome of infertility therapy. *Fertility and Sterility*, 32:80-6, 1979.

26 ROUSSEAU, S., LORD, J., LEPAGE, Y., Van CAMPENHOUT, J. The expectancy of pregnancy for "normal" infertile couples. *Fertility and Sterility*, 40:768-72, 1983.

27 MENKEN, J., TRUSSELL, J., LARSEN, U. Age and Infertility. *Science*, 233: 1389-94, 1986.

28 WILCOX, L. S., MOSHER, W. D. Use of infertility services in the United States. *Obstetrics and Gynecology*, 82:122-7, 1993.

29 HULL, M. G., GLAZENER, e. M., KELLY, N. J., CONWAY, D. J., FOSTER, P. A., HINTON, R. A., COULSO, C., LAMBERT, P. A., WATT, E. M., DESAI, K. M. Population study of causes, treatment and outcome of infertility. *British Medical Journal*, 291: 1693-7, 1985.

PARTE II

1 RORH, R., HODGEN, G. D. Ovarian Follicular Growth and Maturation. In WALLACH, E., ZACUR, H. (Eds.). *Reproductive medicine and surgery*. St. Louis: Mosby – Year Book Inc., 1995. p. 137-57.

2 ARMEANU, M. C., FROLICH, M., LEQUIN, R. M. Circadian rhythm of prolactin during the menstrual cycle. *Fertility and Sterility*, 46:315-6, 1986.
3 LOBO, R. A., KLETZKY, O. A., KAPTEIN, E. M., GOEBELSMANN, U. Prolactin modulation of DHEA-S secretion. *American Journal of Obstetrics and Gynecology*, 138:632-6, 1980 .
4 GRAY, R. H., CAMPBELL, O. M., APELO, R., ESLAMI, S. S., ZACUR, H., RAMOS, R. M., GEHRET, J. C., LABBOK, M. H. Risk of ovulation during lactation. *The Lancet*, 335:25-9, 1990.
5 BARBIERI, R. L. Hyperandrogenic disorders. *Clinical Obstetrics and Gynecology*, 33:640-54, 1990.
6 HOMBURG, R., ARMAR, N. A., ESHEL, A., ADAMS, J., JACOBS, H. S. Influence of serum luteinising hormone concentrations on ovulation, conception and early pregnancy loss in polycystic ovary syndrome. *British Medical Journal*, 297:1024-6, 1988.
7 MacNAUGHTON, J., BANAH, M., McCLOUD, P., HEE, J., BURGER, H. Age related changes follicle stimulating hormone, luteinizing hormone, oestradial and immunoreactive inhibin in women of reproductive age. *Clinical Endocrinology*, 36:339-45, 1992.
8 WILLETT, W., STAMPFER, M. J., BAIN, C. LIPNICK, R., SPEIZER, E. E., ROSNER, B., CRAMER, D., HENNEKENS, C. H. Cigarette smoking, relative weight and menopause. *American Journal of Epidemiology*, 117:651-8, 1983.
9 STEIN, I. F., LEVENTHAL, M. L. Amenorrhea associated with bilateral polycystic ovaries. *American Journal of Obstetrics and Gynecology*, 29:181-91, 1935.
10 GOLDZIEHER, J. W., AXELROD, L. R. Clinical and biochemical features of polycistic ovarian disease. *Fertility and Sterility*, 14:631-53, 1963.
11 ADAMS, J., POLSON, D. W., FRANKS, S. Prevalence of polycystic ovaries in women with anovulation and idiopathic hirsutism. *British Medical Journal* (Clinical Research Ed.), 293:355-9, 1986.
12 HAMM, L. E., HALL, D. A., McARDLE, C. R., SEIBEL, M. Polycystic ovarian disease: sonographic spectrum. *Radiology*, 150:531-4, 1984.
13 POLSON, D. W., WADSWORTH, J., ADAMS, J., FRANK, S. Polycystic ovaries: a common finding in normal women. *The Lancet*, 1:870-2, 1988.
JANSEN, R. P. S. Ovulation and the Polycystic Ovary Syndrome. *The Australian and New Zealand Journal of Obstetrics and Gynecology*, 34:277-85, 1994 .
14 ROGERS, J., MITCHELL, G. W. The relation of obesity to menstrual disturbances. *The New England Journal of Medicine*, 247:53-5, 1952.

15 EHRMANN, D. A., ROSENFlELD, R. L., BARNES, R. B., BRIGELL, D. E, SHEIKH, Z. Detection of functional ovarian hyperandrogenism in women with androgen excess. *The New England Journal of Medicine*, 327:157-62, 1992.
16 HACKELOER, B. J. The role of ultrasound in female infertility management. *Ultrasound in Medicine and Biology*, 10:35-50, 1984.
17 HALL, J. L., TAYLOR, A. E., MARTIN, K. A., CROWLEY, W. I. Neuroendocrine investigation of polycystic ovary syndrome: New approaches in POS. In: DUNAIF, A., GIVEN, J. R., HASELTINE, E. P., MERRIAN, G. R. (Eds.). Polycystic ovary syndrome. Boston: Blackwell Scientific, 1992. p. 32-50.
CORSON, S. L. Ovulation prediction in the treatment of infertility. The Journal of Reproductive Medicine, 31:739-41, 1986.
18 McARTHUR, J. W., ULFELDER, H. The effect of pregnancy upon endometriosis. Obstetrical and Gynecalagical Survey, 20:709-33, 1965.
19 SENSKY, T. E., LIU, D. T. Endometriosis: associations with menorrhagia, infertility and oral contraceptives. *International Journal af Gynaecology and Obstetrics*, 17:573-6, 1980.
20 ALLEN, E., PETERSON, L. F., CAMPBELL, Z. B. Clinical and experimental endometriosis. *American Journal of Obstetrics and Gynecology*, 68:356, 1954.
MURPHY, A. A., SCHLAFF, W. D., HASSIAKOS, D., DURMUSOGLU, F., DAMEWOOD, M. D., ROCK, J. A. Laparoscopic cautery in the treatment of endometriosis-related infertility. *Fertility and Sterility*, 55:246-51, 1991.
21 JENKINS, S., OLIVE, D. 1., HANEY, A. F. Endometriosis: pathogenetic implications of the anatomic distribution. *Obstetrics and Gynecology*, 67:335-8, 1986.
22 ROCK, J. A. Endometriosis and pelvic pain. *Fertility and Sterility*, 60:950-1, 1993.
JANSEN, R. P. S., RUSSELL, P. Nonpigmented endometriosis: clinical, laparoscopic and pathologic definition. *American Journal of Obstetrics and Gynecology*, 155:1154-9, 1986.
23 SIMPSON, J. I., ELIAS, S., MALINAK, L. R., BUTTRAM, V. C. Jr. Heritable aspects of endometriosis. I. Genetic studies. *American Journal of Obstetrics and Gynecology*, 137:327-31, 1980.
24 HALME, J. HAMMO D. M. G., HULKA, D. F., RAJ, S. G., TALBERT, L. M. Retrograde menstruation in health women and in patients with endometriosis. *Obstetrics and Gynecology*, 64: 151-4 1984.
25 HALME, D., BECKER, S., HAMMOND, M. G., RAJ, S. Pelvic macrophages in normal and infertile women: the role of patent tubes. *American Journal of Obstetrics and Gynecology*, 142:890-5, 1982.

26 JANSEN, R. P. S. Minimal endometriosis and reduced fecundability: prospective evidence from an artificial insemination by donor program. *Fertility and Sterility*, 46:141-3, 1986.
27 FORTIER, K. J., HANEY, A. F. The pathologic spectrum of uterotubal junction obstruction. *Obstetrics and Gynecology*, 65:93-8, 1985.
28 ACOSTA, A. A., SUELDO, C. E. Endometriosis. In REMOH1, J.. SIMON, C., PELLICER, A., BONILLA, F. (Eds.). *Reproducción humana*. Madrid: McGraw-Hill Interamericana, 1996. p. 171-94.
29 SCHUMACHER, G. F. B. Biochemistry of cervical mucus. *Fertility and Sterility*, 21:697-705, 1970.
30 MATTHEWS, C. S., BUXTON, C. L. Bacteriology of the cervix in cases of infertility. *Fertility and Sterility*, 2:45, 1951.
EGGERT-KRUSE, W., POHL, S., AHER, H., TILGEN, W., RUNNEBAUM, B. Microbial colonization and sperm-mucus interaction: results in 1000 infertible couples. *Human Reproduction*, 7:612-20, 1992.
31 BUTTRAM, V. C. Jr., REITER, R. C. Uterine leiomyomata: etiology, symptomatology and management. *Fertility and Sterility*, 36:433-45, 1981.
32 DONNEZ, J., CASANAS-ROUX, F. Histology: a prognostic factor in proximal tubal occlusion. *European Journal of Obstetrics, Gynecology, and Reproductive Biology*, 29:33-8, 1988.
JANSEN, R. P. S. Failure of intraperitoneal adjuncts to improve the outcome of pelvic operations in young women. *American Journal of Obstetrics and Gynecology*, 153: 363-71, 1985.
33 MARCH, C. M., ISRAEL, R., MARCH, A. D. Hysteroscopic management of intrauterine adhesions. *American Journal of Obstetrics and Gynecology*, 130:653-7, 1978.
34 DEBUISSON, D. B., CHAPRON, C., MORICE, P., AUBRIOT, F. X., FOULOT, H., JOLINIERE, J. B. Laparoscopic salpingostomy: fertility results according to the tubal mucosal appearance. *Human Reproduction*, 9:334-9, 1994.
SINGHAL, V., LI, T. C., COOKE, I. D. An analysis of factors influencing the outcome of 232 consecutive tubal microsurgery cases. *British Journal of Obstetrics and Gynaecology*, 98:628-36, 1991.
35 MURPHY, A. A. Reconstructive surgery of the oviduct. In ROCK, J. A., MURPHY, A. A., JONES, H. W. (Eds.) *Female reproductive surgery*. Baltimore: Williams & Wilkins, 1992. p. 146-69.
36 SHELTON, K. E., BUTLER, L., TONER, J. P., OEHNINGER, S., MUASHER, S. J. Salpingectony improves the pregnancy rate in-vitro-fertilization patients with hydrosalpinx. *Human Reproduction*, 11:523-5, 1996.

37 REBAR, W. R. Practical evaluation of hormonal status. In YEN, S. S. C., JAFFE, R. B., BARBIERI, R. L. (Eds.). *Reproductive endocrinology*: physiology, pathophysiology and clinical management. Philadelphia: WB Saunders Company, 1999. p. 709-49.

38 KNOBIL, E. The neuroendocrine control of the menstrual cycle. *Recent Progress in Hormone Research*, 36:53-88, 1980.

39 ISRAEL, R., MISHELL, D. R. Jr., STONE, S. C., THORNEYCROFT, J. H., MOYER, D. L. Single luteal phase serum progesterone assay as indicator of ovulation. *American Journal of Obstetrics and Gynecology*, 112:1043-6, 1972.

40 MUNEYYIRICI-DELALE, O., GOLDSTEIN, D., REYES, F. J. Diagnosis of stress related hyperprolactinemia. Evaluation of the hyperprolactinemia rest test. *New York State Journal of Medicine*, 89:205-8, 1989.

41 FAYEZ, J. A., MUTIE, G., SCHNEIDER, P. J. The diagnostic value of hysterosalpingography and hysteroscopy in infertility investigation. *American Journal of Obstetrics and Gynecology*, 156:558- 60, 1987 .

42 OZARAS, H. The value of plastic operation on the fallopian tubes in the treatment of female infertility: a clinical and radiological study. *Acta Obstetricia et Gynecologica Scandinavica*, 47:489, 1968.

43 DeCHERNEY, A. H., KORT, H., BARNEY, J. B., DeVORE, G. R. Incresead pregnancy rate with oil soluble hysterosalpingography dye. *Fertility and Sterility*, 33:407-10, 1980.
ALPER, M. M., GARNER, P. R., SPENCE, J. E., QUARRINGTON, A. M. Pregnancy rates after hysterosalpingography with oil and water-soluble contrast media. *Obstetrics and Gynecology*, 68:6-9, 1986.

44 NICHOLSON, R. Vitality of spermatozoa in the endocervical canal. *Fertility and Sterility*, 16:758-64, 1965.

45 INSLER, V., GLEZZEIUMAN, M., BERNSTEIN, D. Cervical crupts and their role in storing spermatozoa. In INSLER, V., BETTE DORFF, G. (Eds.). *Advances in diagnosis and treatment of infertility*. Amsterdam: Elsevier/ North Holland, 1981. p. 195-211.

46 EIMERS, J. M., VELDE, E. R., GERRITSE, R., Van KOOY, R. F., KREMER, J., HABBEMA, J. D. The validity of the postcoital test for estimating the propability of conceiving. *American Journal of Obstetrics and Gynecology*, 171 :65-70, 1994.

47 MOGHISSI, K, S. Postcoital test: physiologic basis, technique, and interpretation. *Fertility and Sterility*, 27:117-29, 1976.

48 COOK, A. S., ROCK, J. A. The role of laparoscopy in the treatment of endometriosis. *Fertility and Sterility*, 55: 663-80, 1991.

FERGUSON, I. L. C. Laparoscopic investigation of female infertility. In CHAMBERLAIN G., WINSTON R. M. L. (Eds.). *Tubal infertility, diagnosis and treatment.* Boston: Blackwell Scientific Publications, 1982. p. 30-46.

49 ROSENFELD, D. L., CHUDOW, S., BRONSON, R. A. Diagnosis of luteal phase inadequacy. *Obstetrics and Gynecology,* 56:193-6, 1980.
DAVIS, O. K., BERKELEY, A. S., AUS, G. J. CHOLST, I. N., FREEDMAN, K. S. The incidence of luteal phase defect in normal fertile women, determined by serial endometrial biopsies. *Fertility and Sterility,* 51:582-6, 1989.

50 PAAVONEN, J., WOLNER-HANSSEN, P. Chlamydia trachomatis: a major threat to reproduction. *Human Reproduction,* 4:111-24, 1989.
MARDH, P. A., RIPA, T., SVENSSON, L., WESTROM, L. Clamydia trachomatis infection in patients with acute salpingitis. *The New England Journal of Medicine,* 296:1377-9, 1977.

51 KOKlA, E., BIDER, D., LUNENFELD, B., BLANKSTEIN, J., MASHIACH, S., BEN-RAFAEL, Z. Addition of exogenous estrogens to improve cervical mucus following clomiphene citrate medication. Patient selection. *Acta Obstetricia et Gynecologica Scandinavica,* 69:139-42, 1990.

52 GEMZELL, C., ROOS, P. Pregnancies following treatment with human gonadotropins. *American Journal of Obstetrics and Gynecology,* 94:490-6, 1966.

53 TOLIS, G., HOYTEN, K., McKENZIE, I. M., MASON, B., ROBB, P. Clinical, biochemical, and radiologic reversibility of hyperprolactinemic galactorrhea-amenorrhea and abnormal sella by hyroxine in a patient with primary hypothyroidism. *American Journal of Obstetrics and Ginecology,* 131:850, 1978.

54 SIECK, J. O., NILES, N. L., JINKINS, I. R. AL-MEFTY, O., EL-AKKAD, S., WOODHOUSE, N. Extrasellar prolactinomas: sucessful management of 24 patients using bromocriptine. *Hormone Research,* 23:167-76, 1986.

55 SERRI, O., RASIO, E., BEAUREGARD, H., HARDY, J., SUMMA, M. Recurrence of hyperprolactinemia after selective transphenoidal adenomectomy in women with prolactinoma. *The New England Journal of Medicine,* 309:280-7, 1983.

56 CARMINA, E., LOBO, R. A., GONZALEZ, E, CHANG L. Reassessment of adrenal androgen secretion in women with polycystic ovary syndrome. *Obstetrics and Gynecology,* 85:971-6, 1995.
HILLIER, S. G. Role of androgens in ovarian folliculogenesis. In FILICORI, M. (Ed.). The role of luteinizing hormone in folliculogenesis and ovulation induction. Bologna: Monduzi Editore, 1999. p. 67-78.

57 ADAMSON, G. D. Treatment of uterine fibroids: current findings with gonadotropin-releasin hormone agonists. *American Journal of Obstetrics and Gynecology,* 166:746-51, 1992.

58 FRIEDMAN, A. J., DALY, M., JUNEAU-NORCROSS, M. Recurrence of myomas after myomectomy in women pretreated with leuprolide acetate depot or placebo. *Fertility and Sterility*, 58:202-8, 1992.
59 LETTERIE, G. S., CODDINGTON, C. C., WINKEL, C. A., SHAWKER, T. W., LORIAUX, D. R., COLLINS, R. L. Efficacy of a gonadotropin-releasing hormone agonist in the treatment of uterine leiomyomata: long term follow-up. *Fertility and Sterility*, 51:951-6, 1989.
60 CABAU, A., BESSIS, R. Monitoring of ovulation induction with human menopausal gonadotropin and human chorionic gonadotropin by ultrasound. *Fertility and Sterility*, 36:178-82, 1981.
61 HALME, J., STOVALL, D. Endometriosis and its medical management. In WALLACH, E., ZACUR, H. (Eds.). *Reproductive medicine arzd surgery*. St. Louis: Mosby – Year Book Inc., 1995. p. 702.
62 KISTNER, R. W. The use of newer progestins in the treatment of endometriosis. *American Journal of Obstetrics and Gynecology*, 75:264, 1958.
63 MOGHISSI, K. S., BOYCE, C. R. K. Management of endometriosis with oral medroxyprogesterone acetate. *Obstetrics and Gynecology*, 47:265-7, 1976.
64 BOOTHROYD, C. V., LEPRE, F. Permanent voice change resulting from danazol therapy. *The Australian & New Zealand Journal of Obstetrics & Gynaecology*, 30: 275-6, 1990.
BAYER, S. R., SEIBEL, M. M., SAFFAN, D. S., BERGER, M. J., TAYMOR, M. Efficacy of danazol treatment for minimal endometriosis in infertile women: a prospective, randomized study. *The Journal of Reproductive Medicine*, 33: 179-83, 1988.
FEDELE, L., ARCAINI, L., BIANCHI, S., BAGLIONI, A., VERCELLINI, P. Comparison of cyproterone acetate and danazol in the treatment pelvic pain associated with endometriosis. *Obstetrics and Gynecology*, 73:1000-4, 1989.
DMOWSKI, W. P., KAPETANAKIS, M., SCOMMEGNA, A. Variable effects of danazol on endometriosis at four low-dose levels. *Obstetrics and Gynecology*, 58: 408-12, 1982.
65 COUTINHO, E. M., HUSSON, J. M., AZADIAN-BOULANGER, G. Treatment of endometriosis with gestrinonne: 5 years experience. In: RAYNOUND, J. P., OJASSO, T., MASTINI, L. (Eds.). *Medical management of endometriosis*. New York: Raven Press, 1984.
66 YLIKORKALA, O., NILSSON, C. G., HIRVONEN, E., VIINIKKA, L. Evidence of similar increases in bone turnover during nafarelin and danazol use in women with endometriosis. *Gynecological Endocrinology*, 4:251-60, 1990.

67 EGGERT-KRUSE, W., HOFFMANN, H., GERHARD, I., BILKE, A., RUNNEBAUM, B., PETZOLDT, D. Effect of antimicrobial therapy on sperm-mucus interaction. *Human Reproduction*, 3:861-9, 1988.
68 BODDINGTON, M. M., SPRIGGS, A. J. Letter: cervical cone biopsy and fertility. *British Medical Journal* (Clinical Research Ed.), 2:271, 1974.
69 BODDINGTON, M. M., SPRIGGS, A. I. Letter: cervical cone biopsy and fertility. *British Medical Journal* (Clinical Research Ed.), 2:271, 1974.
70 ACOSTA, A. A., SUELDO, C. E. Endometriosis. In REMOHÍ, J., SIMON, C., PELLICER, A., BONILLA, F. (Eds.). *Reproducción humana*. Madrid: McGraw-Hill Interamericana, 1996. p. 171-94.
71 BASSIL, S., CANIS, M., POULY, A. Fertility following laparoscopic treatment of benign adnexal cysts. In DONNEZ, J., NISOLLE, M. (Eds.). *An Atlas of laser operative laparoscopy and hysteroscopy*. New York: The Parthernon Publishing Group, 1994. p. 165.
72 EDWARD, R. D. Cauterization of stages I and II endometriosis and the resulting pregnancy rate. In PHILLIPS, J. M. (Eds.). *Endoscopy in gynecology*: the proceedings of the Third International Congress on Gynecologic Endoscopy in San Francisco, California. Downey (CA): American Association of Gynecologic Laparoscopists, 1978.
DIAMOND, M. P., DANIELL, J. F., JOHNS, D. A., EVERETT, R. HILL, G. A., REICH, H., MARTIN, D. C., MAXSON, W. S., HOFFMAN, D. R., MURPHY, A. A., FESTE, J. Postoperative adhesion development following operative laparoscopy: Evaluation at early second-look procedures. *Fertility and Sterility*, 55:700-4, 1991.
73 HUNT, J. E., WALLACH, E. E. Uterine factors in infertility: an overview. *Clinical Obstetrics and Gynecology*, 17:44-64, 1974.
74 ADAMSON, G. D. Treatment of uterine fibroids: current findings with gonadotropin-releasin hormone agonists. *American Journal of Obstetrics and Gynecology*, 166:746-51, 1992.
75 DIAMOND, M. P., DANIELL, J. F., FESTE, J., SURREY, M. W., McLAUGHLIN, D. S., FRIEDMAN, S., VAUGHN, W. K., MARTIN, D. C. Adhesion reformation and de novo adhesion after reproductive pelvic surgery. *Fertility and Sterility*, 47: 864-6, 1987.
76 NEUWIRTH, R. S. Hysteroscopic management of symptomatic submucous fibroids. *Obstetrics and Gynecology*, 62:509-11, 1983.
GRAHAM, R. A., SEIF, M. W., APLIN, J. D., LI, T. C., COOKE, I. D., ROGERS, A. W., DOCKERY, P. An endometrial factor in unesplained infertility. *British Medical Journal* (Clinical Research Ed.), 300:1428-31, 1990.

77 DIAMOND, M. P., DANIELL, J. F., FESTE, J., SURREY, M. W., McLAUGHLIN, D. S., FRIEDMAN, S., VAUGHN, W. K., MARTIN, D. C. Adhesion reformation and de novo adhesion after reproductive pelvic surgery. *Fertility and Sterility*, 47: 864-6, 1987.
LARSSON, B., LALOS, O., MARSK, T., SWOLIN, K. Effect of intraperitoneal instillation of 32% dextrall 70 on postoperative adhesion formation after tubal surgery. *Acta Obstetricia et Gynecologica Scandinavica*, 64:437-41, 1985.
ADHESION STUDY GROUP. Reduction of postoperative pelvic adhesions with intraperitoneal 32% dextran 70: a prospective, randomized clinical trial. *Fertility and Sterility*, 40:612-9, 1983.
78 BUTTRAM, V. C. Jr., REITER, R. C. Uterine leiomyomata: etiology, symptomatology and management. *Fertility and Sterility*, 36:433-45, 1981.
79 WEISS, G. Management of uterine myomata. In KEYE, W. R., REBAR, R., CHANG, R., SOULES, M. (Eds.). *Infertility*: evaluation and treatment. Philadelphia: WB Saunders Company, 1994.
80 KILLACKEY, M. A., NEUWIRTH, R. S. Evaluation and management of the pelvic mass: a review of 540 cases. *Obstetrics and Gynecology*, 71:319-22, 1988.
81 FORTIER, K. J., HANEY, A. F. The pathologic spectrum of uterotubal junction obstruction. *Obstetrics and Gynecology*, 65:93-8, 1985.
82 LOFFER, F. D. Removal of large symptomatic intrauterine growths by the hysteroscopic resectoscope. *Obstetrics and Gynecology*, 76:836-40, 1990.
83 GOMEL, V., TAYLOR, P. J. In vitro fertilization versus reconstructive tubal surgery. *Journal of Assisted Reproduction and Genetus*, 9:306-9, 1992.
84 FORTIER, K. L., HANEY, A. F. The pathologic spectrum of uterotubal junction obstruction. *Obstetrics and Gynecology*, 65:93-8, 1985 .
85 GOMEL, V., TAYLOR, P. J. In vitro fertilization versus reconstructive tubal surgery. *Journal of Assisted Reproduction and Genetics*, 9:306-9, 1992.
86 SILBER, S. J., COHEN, R. Microsurgical reversal of female sterilization: the role of tubal length. *Fertility and Sterilization*, 33:598-60 I, 1980 .
87 SWOLIN, K. Electromicrosurgery and salpingostomy: long-term results. *American Journal of Obstetrics and Gynecology*, 121:418-25, 1975.
88 GOMEL, V. Microsurgery of the oviduct for infertility. In: *Infertility Surgery, Syllabus Courses*. 36th Annual Meeting of the American Fertility Society, Houston, Texas, 1980.
CRITOPH, F. N., DENNIS, K. J. Ciliary activity in the human oviduct. *British Journal of Obstetrics and Gynaecology*, 84:216-18, 1977.
GRANT, A. On fertility surgery of the oviduct. *Fertility and Sterility*, 22: 496, 1971.

89 MISHEL, D. R. Recurrent spontaneous abortion. *Journal of Reproductive Medicine*, 38: 134-9, 1993.
90 KNUDSEN, U. B., HANSEN, V., JUUL, S., SECHER, N. J. Prognosis of a new pregnancy following previous spontaneous abortions. *European Journal of Obstetrics, Gynecology, and Reproductive Biology*, 39:31-6, 1991.
WILCOX, A. J., WEINBERG, C. R., O'CONNOR, J. F., BAIRD, D. D., SCHLATTERER, J. P., CANFIELD, R. E., ARMSTRO G, E. G., NISULA, B. C. Incidence of early loss of pregnancy. *The New England Journal of Medicine*, 319:189-94, 1988.
91 HOOK, E. B. Rates of chromosome abnormalities at different maternal ages. *Obstetrics and Gynecology*, 58:282-5, 1981.
92 MIODOVNIK, M., MIMOUN1, F., SIDDIQI, T. A., KHOURY, J., BERK, A. M. Spontaneous abortions in repeat diabetic pregnancies: a relationship with glycemic control. *Obstetrics and Gynecology*, 75:75-8, 1990.
93 MONTORO, M., COLLEA, J. V., FRASIER, S. D., MESTMAN, J. H. Successful outcome of pregnancy in women with hypothyroidism. *Annals of Internal Medicine*, 94:31-4, 198 J.
94 McNULTY, J. H., METCALFE, T, UELAND, K. Cardiovascular disease. In BURROW, G. N., FERRIS, T. F. (Eds.). *Medical complications during pregnancy*. Philadelphia: WB Saunders, 1988.
MOSZKOWSKI, E., WOODRUFF, J. D., JONES, G. E. S. The inadequate luteal phase. *American Journal of Obstetrics and Gynecology*, 83:262-70, 1962.
ABRAHAM, G. E., MAROULIS, G. B., MARSHALL, J. R. Evaluation of ovulation and corpus luteum function using measurements of plasma progesterone. *Obstetrics and Gynecology*, 44:522-5, 1974.
95 DUDLEY, D. L., BRANCH, D. W. Antiphospholipid syndrome: a model for autoimmmune pregnancy loss. *Infertility and Reproductive Medicine Clinics of North America*, 2:149-53, 1991.
REECE, E. A., GABRIELLI, S., CULLEN, M. T, ZHENG, X. Z., HOBBINS, J. C, HARRIS, E. N. Recurrent adverse pregnancy outcome and antiphospholipid antibodies. *American Journal of Obstetrics and Gynecology*, 163:162-9, 1990.
96 KUNDSEN, R. B., DRISCOLL, S. G., MING, P. L. Strain of mycoplasma associated with human reproductive failure. *Science,* 157:1573-4, 1967.
QUINN, P. A., SHEWCHUK, A. B., SHUBER, J., LIE, K. I., RYAN, E., CHIPMAN, M. L., NOCILLA, D. M. Efficacy of antibiotic therapy in preventing spontaneous pregnancy loss among couples colonized with genital mycoplasmas. *American Journal of Obstetrics and Gynecology*, 145:239-44, 1983.

97 STRAY-PEDERSEN, B., STRAY-PEDERSEN, S. Etiologic factors and subsequent reproductive performance in 195 couples with a prior history of habitual abortion. *American Journal of Obstetrics and Gynecology*, 2: 140-5, 1984.
SCHENKER, J., MARGALIOTH, E. Intrauterine adhesions: an update approach, *Fertility and Sterility*, 37:593-7, 1982.

98 VERKAUF, B. S. Myomectomy for fertility enhancement and preservation. *Fertility and Sterility*, 58:1- 15, 1992.

99 LUTIGER, B., GRAHAM, K., ETJARSO, T. R., KORE, G. Relationship between gestational cocaine use and pregnancy outcome: a meta-analysis. *Teratology*, 44:405-14.1991.

100 HARLAP, S., SHIONO, P. H. Alcohol, smoking and incidence of spontaneous abortions in the first and second trimester. *The Lancet*, 2: 173-6, 1980.

101 KLINE, J., STEIN, Z. A., SUSSER, M., WARBURTON, D. Smoking: a risk factor for spontaneous abortion. *The New England Journal of Medicine*, 297:793-6, 1977.

102 TAYLOR, C., FAULK, W. P. Prevention of abortion with leucocyte transfusions. *The Lancet*, 2:68-70, 1981.
JOHNSON, P., PEARCE, J. M. Recurrent spontaneous abortion and polycystic ovarian disease: comparison of two treatment regimens to induce ovulation. *British Medical Journal* (Clinical Research Ed.), 300:154-6.1990.

PARTE III

1 HELLSTROM, W. T. G., NEAL, D. E. Jr. Diagnosis and therapy of male genital tract infections. *Infertility and Reproductive Medicine Clinics of North America*, 3:399-411, 1992.

2 BARTOV, V., ELTES, E., LUNENFELD, E., HAR-EVE, D., LEDERMAN, H., LUNENFELD, B. Sperm quality of subfertile males before and after treatment with follicle-stimulating hormone. *Fertility and Sterility*, 61:727-34, 1994.

3 PALERMO, G., JORIS, H., DEVROEY, P., Van STEIRTEGHEM, A. C. Pregnancies after intracytoplasmic injection of a single spermatozoon into an oocyte. *The Lancet*, 340:17-8, 1992 .

4 HELLSTROM, W. T. G., NEAL, D. E. Jr. Diagnosis and therapy of male genital traet infections. *Infertility and Reproductive Medicine Clinics of North America*. 3: 399-411, 1992.

5 CLOSE, C. E., WANG, S. P., ROBERTS. P. L., BERGER. R. E. The relationship of infection with Chlamydia trachomatis to the parameters of male fertility and sperm autoimmunity. *Fertility and Sterility*, 48:880, 1987.

6   WORLD HEALTH ORGANIZATION. Laboratory manual for the examination of human semen and semen-cervical mucus interaction. Cambridge (UK): Cambridge University Press. 1993.
7   BELKER, A. M., THOMAS, A. J. Tr., FUCHS, E. E Results of 1469 microsurgical vasectomy reversals by the Vasovasostomy Study Group. *The Journal of Urology*, 145:505-11, 1991.
8   CRAFT, J., TSIRIGOTIS. M., BENNET, V., TARANISSI, M., KHALIFA, Y., HOGEWIND, G., OCHOLSON, J. Percutaneous epididymal sperm aspiration and intraeytoplasmatic sperm injection in the management of infertility due to obstructive azoospermia. *Fertility and Sterility*, 63:1038-42, 1995.
9   DUBIN, L., AMELAR, R. D. Varicocele size and results of varicocelectony in selected subfertile men with varicocele. *Fertility and Sterility*, 21:606-9, 1970.
10 COCKETT, A. T., URRY, R. L., DOUGHERTY, K. A. The varicocele and semen characteristics. *The Journal of Urology*, 121:435-6, 1979.
11 AUGER, J., KUNSTMANN, J. M., CZYGLIK, E., TOUANNET, P. Decline in semen quality among fertile men in Paris during the past 20 years. *The New England Journal of Medicine*, 332:281-5, 1995.
    CARLSEN, E., GIWERCMAN, A., KEIDING, N., SKAKKEBAEK, N. E. Evidence for decreasing quality of semen during the past 50 years. *British Medical Journal*, 305:609-13, 1992.
12 CULLEN, M. R., KAYNE, R. D., ROBINS, J. M. Endocrine and reproductive dysfunction in men associated with occupational inorganic lead intoxication. *Archives of Environmental Health*, 39:431-40, 1984.
13 AYERS, J. W., KOMESU, Y., ROMANI, T., ANSBACHER, R. Anthropomorphic, hormonal and psychologic correlates of semen quality in endurance-trained male athletes. *Fertility and Sterility*, 43:917-21, 1985.
14 REISNER, C. The etiology of retrograde ejaculation and a method for insemination. *Fertility and Sterility*, 12:488, 1961.
    FRANCAVILLA, F., ROMANO, R., SANTUCCI, R., POCCIA, G. Effect to sperm morphology and motile sperm count on outcome of intrauterine insemination in oligozoospermia and asthenozoospermia. *Fertility and Sterility*, 53:892-7, 1990.
15 SCHILSKY, R. J., LEWIS, B. L., SHERINS, R. J., YOUNG, R. C. Gonadal dysfunction in patients receiving chemotherapy for cancer. Annals of Internal Medicine, 93: 109-14, 1980.
    BYRNE, J., MULVIHILL, J. J., MYERS, M. H., CONNELLY, R. R., NAUGHTON, M. D., KRAUSS, M. R., STEINHORN, S. C, HASSINGER, D. D., AUSTIN, D. F., BRAGG, K. Effects of treatment on fertility in long-term survivors of childhood or adolescent cancer. *The New England Journal of Medicine*, 317:1315-21, 1987.

16 STEPHENS, F. D. *Congenital malformations of the rectum, anus and genitourinary tracts.* Edinburgh: Livingstone, 1963.
17 WORLD HEALTH ORGANIZATION. *Laboratory manual for the examination of human semen and semen-cervical mucus interaction.* Cambridge (UK): Cambridge University Press. 1993.
18 DAVIS, R. O., ROTHMANN, S. A., OVERSTREET, J. W. Accuracy and precision of computer-aided sperm analysis (CASA) in multicenter studies. *Fertility and Sterility,* 57:648-53, 1992.
19 WORLD HEALTH ORGANIZATION. *Laboratory manual for the examination of human semen and semen-cervical mucus interaction.* Cambridge (UK): Cambridge University Press. 1993.
20 McCLURE, R. D. Evaluation of the infertile male. *Problems in Urology,* 1:443-60, 1987.
21 ARNY, M., QUAGLIARELLO, J. Semen quality before and after processing by a swim-up method: relationship to outcome of intrauterine insemination. *Fertility and Sterility,* 48:643-8, 1987.
BOLTON, V. N., BRAUDE, P. R., OCKENDEN, K., MARSH, S. K., ROBERTSON, G., ROSS, L. D. An evaluation of semen analysis and in-vitro tests of sperm function in the prediction of the outcome of intrauterine AIH. *Human Reproduction,* 4:674-9, 1988.
22 ACOSTA, A. A., OEHNINGER, S., MORSHEDI, M., SWANSON, R. J., SCOTT, R., IRIANNI, F. Assisted reproduction in the diagnosis and treatment of the male factor. *Obstetrical & Gynecological Survey,* 44:1-18, 1989.
23 KRÜGER, T. F., ACOSTA, A. A., SIMMONS, K. F., SWANSON, R. J., MATTA, J. F., VEECK, L. L., MORSHEDI, M., BRUGO, S. New method of evaluating sperm morphology with predictive value for human in vitro fertilization. *Urology,* 30:248-51, 1987.
KRÜGER, T. F., ACOSTA, A. A., SIMMONS, K. F., SWANSON, R. J., MATTA, J. F., OEHNINGER, S. Predictive value of abnormal sperm morphology in in vitro fertilization. *Fertility and Sterility,* 49:112-7, 1988.
24 SCHRADER, S. M., TURNER, T. W., BREITENSTEIN, M. J., SIMON, S. D. Longitudinal study of semen quality of unexposed workers. 1. Study overview. *Reproductive Toxicology,* 2: 183-90, 1988.
25 GILBAUGH, J. H. 3rd, LIPSHULTZ, L. L Nonsurgical treatment of male infertility. *Urologic Clinics of North America,* 21:531-48, 1994.
26 SILBER S. J. What forms of male infertility are there left to cure? *Human Reproduction,* 10:503-4, 1995.

27 SOKOL, R. Z. Medical endocrine therapy of male factor infertility. *Infertility and Reproductive Medicine Clinics of North America*, 3:389, 1992.
28 SOKOL, R. Z, STEINER, B. S., BUSTILO, M., PETERSEN, G., SWERDLOFF, R. S. A controlled comparison of the efficacy of clomephene citrate in male infertility. *Fertility and Sterility*, 49:865-70, 1988.
29 MICIC, S., DOTLIC, R. Evaluation of sperm parameters in clinical trial with clomiphene citrate of oligospermic men. *The Journal of Urology*, 133:221-2, 1985.
30 NIESCHLAG, E., HERTLE, L., FISCHEDICK, A., BEHRE, H. M. Treatment of varicocele: counselling as effective as occlusion ofvena spermatica. *Human Reproduction*, 10:347-53, 1995.
SCHLESINGER, M. H., WILETS, I. E, NAGLER, H. M. Treatment outcome after varicocelectomy: a critical analysis. *Urologie Clinics of North America*, 21:517-29, 1994.
CALDAMONE, A. A., AL-JUBURI, A., COCKETT, A. T. The Varicocele: elevated serotonin and infertility, *The Journal of Urology*, 123:683, 1980.
31 ROGERS, B. J., MYGATT, G. G., SODERDAHL, D. W., BALE, R. W. Monitoring of suspected infertile men with varicocele by the sperm penetration assay. *Fertility and Sterility*, 44:800-5, 1985.
32 COS, L. R., VALVO, R. J., DAVIS, R. S., COOKETT, A. J. K. Vasovasostomy: current state of the art. *Urology*, 22:567-75, 1983.

PARTE IV

1 LUNENFELD, B. Treatment of anovularion by human gonadotrophins. *International Journal of Gynecology and Obstetrics*, 1:153-7, 1963.
2 MARRS, R. P., VARGYAS, j. M., MARCH, C. M. Correlation of ultrasonic and endocrinologic measurements in human menopausal gonadotropin therapy. *American Journal of Obstetrics and Gynecology*, 145:417-21, 1983.
THE EUROPEAN RECOMBINANT HUMAN CHORIONIC GO ADOTROPHIN STUDY GROUP. Induction of final follicular maturation and early luteinization in women undergoing ovulation induction for assisted reproduction treatment – recombinant HCG versus urinary HCG. *Human Reproduction*, 15:1446-51, 2000.
3 LUNENFELD, B. Treatment of anovulation by human gonadotrophins. *International Journal of Gynecology and Obstetrics*, 1:153-7, 1963.
4 ADASHI, E. Y. Clomiphene citrate: mechanisms and sites of action a hypothesis revisited. *Fertility and Sterility*, 42:331-44, 1984.

5 MacDOUGALL, M. J., TAN, S. L., JACOBS, H. S. In vitro fertilization and the ovarian hypertimulation syndrome. *Human Reproduction*, 7:597-600, 1992.
BERGH, C., HOWLES, C. M., BORG, K., HAMBERGER, L., JOSEFSSON, B., NILSSON, L., WIKLAND, M. Recombinant human follide stimulating hormone (r-hFSH; Gonal-F) versus highly purified urinary FSH (Metrodin HP): results of a randomized comparative study in women undergoing assisted reproductive techniques. *Human Reproduction*, 12:2133-9, 1997.

6 NAVOT, D., BERGH, P. A., LAUFER, N. Ovarian hyperstimulation syndrome in novel reproductive technologies: prevention and treatment. *Fertility and Sterility*, 58:249-60, 1992.

7 HURST, B. S., TJADEN, B. L., KIMBALL, A., SCHLAFF, W. D., DAMEWOOD, M. D, ROCK, J. A. Superovulation with or without intrauterine insemination for the treatment of the infertility. *The Journal of Reproductive Medicine*, 37:237-41, 1992.

8 DAMEWOOD, M. D. (Ed.). *The Johns Hopkins handbook of in vitro fertilization and assisted reproductive technologies*. Boston: Little Brown, 1990.

9 EDWARDS, R. G., LOBO, R., BOUCHARD, P. Time to revolutionize ovarian stimulation. *Human Reproduction*, 11:917-9, 1996.

10 HACKELOER, B. J., FLEMING, R., ROBINSON, H. P., ADAM, A. H., COUTTS, J. R. Correlation of ultrasonic and endocrinologic assessment of human follicular development. *American Journal of Obstetrics and Gynecology*, 135:122-8, 1979.

11 KOL, S., LEVRON, J., LEWIT, N., DRUGAN, A., ITSKOVITZ-ELDOR, J. The natural history of multiple pregnancies after assisted reproduction: is spontaneous fetal demise a clinically significant phenomenon? *Fertility and Sterility*, 60:127-30, 1993.

12 ONG, A., EISEN, V., RENNIE, D. P., HOMBURG, R., LACHELIN, G. C., JACOBS, H. S., SLATER, J. D. The pathogenesis of ovarian hyperstimulation syndrome: a possible role for ovarian renin. *Clinical Endocrinolagy*, 34:43-9, 1991.

13 HANING, R. V. Jr., LEVIN, R. M., BEHRMAN, H. R., KASE, N. G., SPEROFF, L. Plasma estradiol window and urinary estriol glucuronide determinations for monitoring menotropin induction of ovulation. *Obstetrics and Gynecology*, 54:442-7, 1979.

14 NICHOLSON, R. Vitality of spermatozoa in the endocervical canal. *Fertility and Sterility*, 16:758-64, 1965.

15 SCHELLEN, A. M. C. M. *Artificial insemination in the human*. New York: Elsevier, 1957.

16 BYRD, W., ACKERMAN, G. E., CARR, B. R., EDMAN, C. D., GUZICK, D. S., McCONNELL, J. D. Treatment of refractory infertility by transcervical intrauterine insemination of washed spermatozoa. *Fertility and Sterility*, 48:921-7, 1987.

17 GRINSTED, J., JACOBSEN, J. D., GRINSTED, L., SCHANTZ, A., STENFOSS, H. H., NIELSEN, S. P. Prediction of ovulation. *Fertility and Sterility*, 52:388-93, 1989.
18 STEPTOE, P. C., EDWARDS, R. G. Birth after reimplantation of a human embryo. *The Lancet*, 2:366, 1978.
19 PALERMO, G., JORIS, H., DEVROEY, P., Van STEIRTEGHEM, A. C. Pregnancies after intracytoplasmic injection of a single spermatozoon into an oocyte. *The Lancet*, 340:17-8, 1992.
20 CRAFT, I. L., KHALIFA, Y., BOULOS, A., PELEKANOS, M., FOSTER, C., TSIRIGOTIS, M. Factors influencing the outcome of in-vitro fertilization with percutaneous aspirated epididymal spermatozoa and intracytoplasmic sperm injection in azoospermic men. *Human Reproduction*, 10:1791-4, 1995.
21 PATTON, P. E., BURRY, K. A, THURMOND, A., NOVY, M. J., WOLF, D. P. Intrauterine insemination outperforms intracervical insemination in a randomized, controlled study with frozen, donor semen. *Fertility and Sterility*, 57:559-64, 1992.
22 WATSON, P. F. Artificial insemination and the preservation of semen. In LAMMING, G. E. (Ed.). *Marshall's physiology of reproduction*: reproduction in the male. New York: Churchill Livingstone, 1990.
23 ROSENWAKS, Z. Donor eggs: their application in modern reproductive technologies. *Fertility and Sterility*, 47:895-909, 1987.
24 KUPFERMINC, M. J., LESSING, J. B, AMIT, A., YOVEL, I., DAVID, M. P., PEYSER, M. R. A prospective randomized trial of human chorionic gonadotrophin or dydrogesterone support following in vitro fertilization and embryo transfer. *Human Reproduction*, 5:271-3, 1990.
    NAVOT, D., SCOTT, R. T., DROESCH, K., VEECK, L. L., LIU, H. C., ROSENWAKS, Z. The window of embryo transfer and the efficiency of human conception in vitro. *Fertility and Sterility*, 55: 114-8, 1991.

PARTE V

1 WEIR, W. C., WEIR, D. R. Adoption and subsequent conceptions. *Fertility and Sterility*, 17(2):283-8, 1966.
2 EDWARDS, R. G., BEARD, H. K. How identical would cloned children be? An understanding essential to the ethical debate. *Human Reproduction Update*, 4(6):791-811, 1998.
3 LOPEZ FILLAVERDE, V. Puntos de discusión bioética en Medicina Reproductiva. *Boletín SEF*, 2:20, 1999.

Glossário

Aderência: união fibrosa acidental ou congênita de superfícies orgânicas naturalmente contíguas, como órgãos ou tecidos vizinhos.

Anestesia peridural: anestesia regional realizada pela introdução de anestésicos locais nas costas, em áreas próximas aos nervos que transmitem a sensibilidade dolorosa; nesse procedimento é possível realizar o bloqueio de raízes nervosas específicas.

Anestesia raquidiana: anestesia regional obtida com a introdução de um anestésico no canal raquidiano que faz com que o paciente fique com os membros inferiores e parte do abdômen completamente anestesiados.

Anticorpo: proteína do soro sanguíneo segregada em reação à presença de alguma substância estranha no organismo.

Anticorpo antifosfolípede: espécie de anticorpo cuja presença no organismo é característica do lúpus.

Astenospermia: distúrbio masculino caracterizado pela baixa mo til idade dos espermatozóides no sêmen.

Azoospermia: distúrbio masculino caracterizado pela ausência de espermatozóides no sêmen.

Bebê de proveta: nome popular para o método de fertilização *in vitro*

BHCG: dosagem de hormônio fabricado pela placenta que, quando positiva, indica gravidez.

Canal deferente: canal excretor do testículo, que leva os espermatozóides do testículo ao canal da uretra.

Cautério: aparelho utilizado para tratar os tecidos por meio de temperaturas extremas. O cautério pode ser "a quente", elétrico, ou "a frio", com nitrogênio líquido.

Cordão espermático: ligação entre os testículos e a cavidade abdominal, formado por uma veia, uma artéria e o canal deferente.

Corpo lúteo: estrutura ovariana formada após a ruptura do folículo, que tem por função produzir a progesterona, hormônio fundamental para a manutenção do óvulo fecundado.

Criptorquidia: distúrbio caracterizado pela falha da descida dos testículos para a bolsa escrotal.

Cromossoma: unidade morfológica que contém a informação genética do indivíduo.

Curetagem: operação que consiste em esvaziar o interior de uma cavidade natural ou patológica com o auxílio de um instrumento em forma de colher.

DIU: abreviação de dispositivo intra-uterino; trata-se de um dispositivo anticoncepcional que é colocado diretamente no útero da mulher.

DST: doença sexualmente transmissível.

Embrião: fase inicial de desenvolvimento do bebê.

Endométrio: tecido que reveste a parte interna do útero e que descama naturalmente durante a menstruação.

Endometriose: distúrbio ginecológico caracterizado pela presença de fragmentos do endométrio fora de sua localização normal.

Esperma: líquido expelido pelo homem na ejaculação e formado pelos espermatozóides e pelo líquido seminal.

Espermograma: exame que analisa as características do esperma quanto ao número, forma e motilidade dos espermatozóides.

Esterileuta: médico especializado em reprodução humana.

Fertilização *in vitro*: método de reprodução assistida caracterizado pela fertilização feita em laboratório e pela subseqüente transferência do embrião ao útero materno.

Feto: fase de desenvolvimento do bebê que antecede o nascimento.

Fímbrias: pequenos cílios localizados na trompa responsáveis pela captação do óvulo e pelo seu direcionamento para o útero.

Fimbrioplastia: cirurgia plástica na extremidade da trompa para reconstruir as fímbrias.

FIV: abreviação de fertilização *in vitro*.

Folículo: células que dão origem aos óvulos após serem ativadas por hormônios sexuais.

Gameta: célula portadora da herança genética; no homem, corresponde ao espermatozóide, e na mulher, corresponde ao óvulo.

Glicemia: presença de glicose no sangue.

Gônadas: órgãos genitais.

Gonadotrofinas: hormônios de caráter cíclico que desencadeiam a ovulação durante a fase reprodutiva da mulher.

Hiperprolactenia: distúrbio hormonal caracterizado pelo excesso de prolactina no organismo.

Hipófise: glândula situada no crânio que envia mensagens aos ovários por meio de hormônios.

Hipoglicemia: diminuição da quantidade de glicose contida no sangue. Hipotálamo: glândula localizada no cérebro que produz o hormônio GnRH.

Histerectomia: intervenção cirúrgica para retirada completa do útero.

Histeroscopia: inspeção endoscópica do interior do útero para diagnóstico e tratamento das doenças intra-uterinas.

Histerossalpingografia: exame feito com contraste e radiografia para verificar as condições das trompas.

ICSI: abreviação de *Intracytoplasmic Sperm Injection* (Injeção Intracitoplasmática de Espermatozóide); método de reprodução assistida que consiste na introdução, por agulha, de um espermatozóide diretamente no óvulo.

Inseminação intra-uterina: o mesmo que inseminação artificial.

Isquemia cerebral: diminuição ou suspensão da irrigação sangüínea no cérebro.

Laparoscopia: procedimento endoscópico que permite a investigação e tratamento de patologias abdominais.

Líquido espermático: líquido que se mistura ao espermatozóide para compor o sêmen.

Lúpus: doença inflamatória de origem auto-imune que provoca febre, perda de apetite e manifestações articulares e cutâneas.

Miomas: tumores uterinos.

Miomectomia: intervenção cirúrgica de remoção de um mioma.

Miométrio: músculo situado na parte mediana do útero.

Mórula: fase de desenvolvimento do embrião quando este atinge cerca de 56 células, o que ocorre por volta de uma semana após a fecundação.

Muco cervical: líquido localizado no colo do útero e rico em glicose, que pode alimentar temporariamente o espermatozóide antes de sua subida ao interior do útero.

Oligoastenospermia: distúrbio masculino caracterizado por uma baixa generalizada na quantidade e na motilidade dos espermatozóides no sêmen.

Oligospermia: distúrbio masculino caracterizado pela presença de poucos espermatozóides no sêmen.

Osteoporose: doença óssea caracterizada pelo enfraquecimento e diminuição da densidade dos ossos.

Ovários: glândulas do aparelho genital feminino que liberam os óvulos e secretam hormônios.

Óvulo: gameta da mulher.

Pólipo: formação tumoral pediculada e vascularizada.

Prolactina: hormônio que aciona a produção do leite materno pelas glândulas mamárias.

Reanastomose de trompas: procedimento cirúrgico realizado na trompa que consiste na ligação de dois segmentos tubários após a eliminação de uma obstrução.

Retroejaculação: distúrbio masculino caracterizado pelo direcionamento do sêmen para a bexiga.

Sêmen: esperma.

Síndrome do Ovário Policístico: doença caracterizada pelo surgimento de pequenos cistos nos ovários, os quais interferem no eixo sexual feminino.

SOP: Síndrome do Ovário Policístico.

Superovulação: liberação de mais de um óvulo em um mesmo ciclo pela mulher, normalmente induzida por tratamento hormonal.

Tappering: espermatozóide que tem como principal característica uma cabeça afilada.

Traqueloplastia: cirurgia plástica uterina recomendada para casos em que o colo do útero se encontra aberto em razão de ferimentos, secretando muco cervical em excesso.

Trompa: espécie de braço do útero que se aproxima do ovário para receber o óvulo e conduzi-lo até o interior do útero.

Vasectomia: cirurgia realizada nos canais deferentes para interromper a passagem dos espermatozóides e promover a esterilidade masculina.

Zigoto: primeira etapa de fusão entre o óvulo e o espermatozóide.

Zona pelúcida: geleia protetora que envolve o óvulo.

Centro Olmos de Reprodução Humana e Ginecologia
Rua João Lourenço, 683, 6. andar
Vila Nova Conceição
04508-031 – São Paulo – SP
Tel.: (11) 3845-3555
E-mail: fertilidade@olmos.med.br
Home page: www.olmos.med.br

Sobre o autor

PAULO EDUARDO OLMOS nasceu na cidade de São Paulo em 1956. Médico, especializou-se em Ginecologia e Obstetrícia no Hospital Brigadeiro e na Casa Maternal e da Infância. Mais tarde, continuou seus estudos na Universidade de Campinas (Unicamp), onde obteve o título de Mestre em Medicina em 1994 ao defender uma tese em Reprodução Humana sobre o implante subcutâneo liberador de progesterona. Ainda na Unicamp, prosseguiu na área acadêmica como doutorando do departamento de ginecologia. Em 1999, defendeu a tese intitulada *Avaliação da real necessidade de fertilização in vitro em população de casais estéreis* e obteve seu título de Doutor.

De 1985 até 2007, Paulo Eduardo Olmos foi chefe do Setor de Reprodução Humana da Clínica de Ginecologia do Hospital Brigadeiro, em São Paulo. Esse cargo permitiu que ele tivesse uma visão global da saúde pública reprodutiva no Brasil, pois a instituição paulistana foi uma das poucas a oferecer atendimento gratuito a pessoas carentes com problemas de infertilidade. Em 1987, fundou o Centro Olmos de Reprodução Humana e Ginecologia, onde vem atendendo inúmeros casais que chegam em busca do tão sonhado bebê.

Membro efetivo da Sociedade Brasileira de Reprodução Humana e da American Society for Reproductive Medicine, Paulo Eduardo Olmos possui considerável experiência internacional, que inclui estágios na Espanha e nos Estados Unidos, além de trabalhos publicados no Brasil e no exterior.

Para entrar em contato com o Dr. Paulo Eduardo Olmos, escreva para a Rua João Lourenço, 683, conjunto 61, São Paulo – SP, CEP 04508-031, ou telefone para (11) 3845-3555. Ele ainda pode ser contatado por meio do site www.olmos.med.br ou do e-mail fertilidade@olmos.med.br.

Esta obra foi composta na fonte Berkeley
e impressa na Gráfica Ripress,
com papel Supremo 250 g/m² na capa e
off-set 75 g/m² no miolo.
São Paulo, Brasil, outono de 2010.